Lotte Bormuth

Für den Himmel geboren

francke

Über die Autorin:

Lotte Bormuth ist eine der erfolgreichsten christlichen Autorinnen Deutschlands. In über 80 Buchtiteln hat sie mit Lebensbildern und eigenen Erlebnissen vielen Menschen Trost, Freude und Glaubensmut vermittelt. Sie hat fünf Kinder und 15 Enkel und lebt mit ihrem Mann in Marburg.

Bibliografische Information Der Deutschen Bibliothek
Die Deutsche Bibliothek verzeichnet diese Publikation in der Deutschen Nationalbibliografie;
detaillierte bibliografische Daten sind im Internet
über http://dnb.ddb.de abrufbar.

ISBN 978-3-86827-232-1
Alle Rechte vorbehalten
© 2011 by Verlag der Francke-Buchhandlung GmbH
35037 Marburg an der Lahn
Umschlagbild: © shutterstock / gorilla
Umschlaggestaltung: Verlag der Francke-Buchhandlung GmbH /
Christian Heinritz
Satz: Verlag der Francke-Buchhandlung GmbH
Druck und Bindung: CPI Moravia Books, Korneuburg

www.francke-buch.de

Inhalt

Vorwort

Als ich mich für eine Vortragsreise rüstete, fragte mich meine Tochter: „Mutti, was ist deine Hauptaufgabe, wenn du für Gott unterwegs bist?" Die Antwort fiel mir nicht schwer: „Trösten, trösten und noch einmal trösten." Früh war mir in meiner Ehe ein weites Erprobungsfeld dazu gegeben. In einer kinderreichen Familie, wie wir es sind, bleibt es nicht aus, dass schwere Erkrankungen und Unfälle uns bedrohen. Jedenfalls war dies bei uns so. Ein schlimmer Keuchhusten brachte zwei meiner Kleinen an den Rand des Todes. Ich denke dabei an eine Nacht, als Erstickungsanfälle ihnen die Luft zum Atmen nehmen wollten. Da habe ich zu Gott geschrien, und er hat unseren Kindern geholfen.

Drei meiner Söhne sind vom Rad gestürzt, weil sie ein Auto angefahren hatte, und mir wurde die Nachricht überbracht, dass sie im Krankenhaus lägen.

Einmal kam ich vom Unterricht nach Hause und sah unseren Johannes heulend am Fenster stehen: „Mama, ich kann's nicht bezahlen! Ich kann es wirklich nicht bezahlen!" Was war passiert? Unser Fünfjähriger hatte am Straßenrand gestanden und Hagebutten auf den Asphalt geworfen. Dabei war ihm ein Steinchen zwischen die Finger geraten, das sich in seiner Hosentasche versteckt hatte. Gerade in diesem Augenblick fuhr ein fabrikneuer Opel Rekord an ihm vorbei. Das Steinchen machte klick und ließ an der vorderen Autotür einen kleinen schwarzen Fleck zurück. Zornig stieg der Fahrer aus, packte unseren Johannes am Kragen, schüttelte ihn kräftig und schrie ihn an: „Das wirst du mir teuer bezahlen müssen!" Natürlich war das Kind voller Angst, weinte und schluchzte: „Mama, ich kann es nicht bezahlen, ich kann es wirklich nicht bezahlen!"

Ich nahm den Jungen in meine Arme und versuchte ihn zu beruhigen. So nach und nach erfuhr ich sein Missgeschick. Fest drückte ich meinen kleinen Schatz an mich: „Johannes, du brauchst auch nichts zu bezahlen. Dein Papa bezahlt alles." Der kleine Kerl horchte auf, musste noch einmal schluchzen und wurde dann still. Er ruhte in meinen Armen, bis sein Schmerz nachließ. Das war für das Kind die rettende Antwort: „Dein Papa bezahlt alles!" Gut, dass er solch einen lieben Papa hatte.

Als meine Kinder die Schulbank drückten, verstand ich das Wort einer Kultusministerin sehr wohl, wenn sie sagte: „Sie haben so traurige Augen. Haben Sie auch Kinder im schulpflichtigen Alter?" In dieser Zeit waren meine Augen oft traurig, und ich musste viel trösten, wenn wieder mal eine Rechenarbeit verkorkst war und im Zeugnis eine Fünf drohte oder wenn sich ein Kind vom Lehrer unverstanden fühlte und Angst davor hatte, das Klassenziel nicht erreichen zu können.

Ein Dienst aber forderte bei mir das Trösten besonders heraus: die Telefonseelsorge. Über 25 Jahre habe ich ehrenamtlich vor allem nachts den Hörer in die Hand genommen. Zu meinem Aufgabengebiet gehörte es, selbstmordgefährdete und depressive Menschen zu betreuen. Hätte ich da nicht um den Trost Christi in seinem Wort gewusst, ich hätte diese Aufgabe bald wieder quittieren müssen. So empfand ich es als ein großes Vorrecht, Verzweifelten Mut vom Evangelium her zuzusprechen.

Die Zahl der Menschen, die Seelsorge suchen, ist beträchtlich. Gerade auf Freizeiten und auf Frühstückstreffen fassen Zuhörer Vertrauen zu mir und laden ihre Sorgen ab. Manchmal bitten sie mich auch, ihre schweren Lebensschicksale niederzuschreiben. So ist auch dieses Buch entstanden. Den Titel habe ich mit Bedacht gewählt. Menschen, die ihr Vertrauen ganz auf Gott setzen, wissen gerade in schweren Stunden: Wir sind für den Himmel geboren. Dort wird Gott einmal alle unsere vergossenen Tränen abwischen. Immer ist Gott größer als unser Leid. In Gefahren weiß er uns zu beschützen und in Todesnot spricht er uns den Trost der Auferstehungshoffnung zu. Wie nahe kommt mir Gott gerade in solch notvollen Situationen. Johannes Frank hat diese Erfahrung wunderbar in einem Liedvers ausgedrückt:

„Weicht, ihr Trauergeister,
denn mein Freudenmeister,
Jesus, tritt herein.
Denen, die Gott lieben,
muss auch ihr Betrüben
lauter Freude sein.
Duld ich schon
hier Spott und Hohn,
dennoch bleibst du auch im Leide,
Jesus, meine Freude."

Für den Himmel sind wir geboren

Nach einem Vortrag kam eine junge Frau auf mich zu. „Frau Bormuth, von allem, was Sie heute gesagt haben, ist mir Ihr Schlusssatz wichtig geworden. Sie haben laut und ermutigend ausgerufen: ‚Wir sind für den Himmel geboren.‘ Das ist mir zu einem starken Trost geworden. Erst jetzt begreife ich: Die Auferstehung ist die wunderbarste Botschaft gerade in Zeiten des Todes.“

Ich wusste nicht, wer diese Besucherin war, denn am Ausgang drängten sich die Leute um mich herum, wollten mir die Hand reichen und bedankten sich für die ermutigenden Worte meiner Predigt. Später erzählte mir die Leiterin dieser Gemeinde: „Ich habe mich sehr über den Besuch von Frau Herlingsdörfer gefreut. Sie hat vor Kurzem ihren Mann durch eine schwere Krebserkrankung verloren. Die beiden waren erst wenige Jahre verheiratet. Gerade für diese trauernde junge Witwe war es stärkend, als Sie Ihre Rede mit dem Satz schlossen: ‚Wir sind für den Himmel geboren.‘ Möge Gott sie weiter in ihrem Leid trösten.“ Mich bewegten diese Worte, denn ich hatte in meinem Konzept einen ganz anderen Schluss stehen. Gott selbst muss mir diese Botschaft ins Herz und auf die Lippen gegeben haben. Neu wurde es mir wichtig: Ich will vor einem Dienst Gott um seinen Heiligen Geist bitten, dass er der Redende sein möge.

Das Wunder von Copiapo und seine Helden

Die schreckliche Katastrophe beginnt am Nachmittag des 5. August 2010 in der Zeche von Copiapo. Schon früh am Morgen gegen acht Uhr wollen 33 Bergleute in diese Mine einfahren und ihrer täglichen Arbeit nachgehen. Sie fördern Kupfer. In Chile liegen die größten Vorräte der Welt an Kupfer und Gold, aber die Förderanlagen bedürfen dringender Erneuerungen. Bisher ist immer sehr daran gespart worden. Es wurde wenig Geld in die Sicherheit des Bergbaus investiert. Seitdem der Staat an Erz reich wurde, haben schon viele Bergleute ihr Leben lassen müssen.

Das Unglück in der Zeche vom 5. August ist nicht die erste Katastrophe dieser Art. Und doch rechnet keiner der Kumpels damit, dass ihnen heute das herabfallende Gestein den Ausgang verschütten könnte. Victor Segovia steuert 700 Meter tief unter der Erdoberfläche ein monströses Fahrzeug. Jumbo nennt er sein Gefährt. An seinem Ausleger ist ein riesiger Bohrer befestigt. Damit sollen Löcher in die Stollenwände gebohrt werden. Später schrauben die Bergleute Haken hinein, an denen starke Stahlnetze aufgehängt werden. Diese sollen die Arbeiter vor Steinschlag schützen. Das Bergwerk San Jose gilt als die gefährlichste Mine in dieser Gegend. Tief in der Erde befindet sich ein fast unüberschaubares Labyrinth, dessen Felswände sehr porös sind. Die Männer, die hier ihr Brot verdienen, werden auch „Kamikaze" genannt. Sie wissen um die Gefährdung ihres Lebens, sind aber auch darauf angewiesen, gutes Geld zu verdienen, viel Geld sogar.

Es ist kurz vor 14 Uhr 30. Die Mittagsschicht geht dem Ende zu, und die Belegschaft wartet darauf, dass ein Lkw sie an die Oberfläche befördert. Plötzlich hören sie ein heftiges Knacken im Felsen. Die Erde bebt, und ein unheimliches Grollen versetzt die Männer in Angst und Schrecken. Gewaltige Staubwolken werden aufgewirbelt. Victor Segovia flüchtet sich schnell in seinen Jumbo und fährt vorsichtig an der Steinwand entlang. Die Sicht ist ihm durch den Staub genommen. Er kann sich nur im Schritttempo voranbewegen. Raus will er, nur noch raus. Aber schon nach 100 Metern gibt es kein Vorankommen mehr. Riesige Felsbrocken verbauen ihm den Weg. Der Zufahrtstunnel ist eingestürzt. Segovia verlässt fluchtartig sein Fahrzeug und tastet sich mühsam zum nächsten Schutzraum. Sehen kann er nichts, denn der Staub hat sich zu einer Nebelwand verdichtet. Nun eilen auch die anderen Männer nach und nach herbei. Insgesamt sind 33 Arbeiter von der Außenwelt abgeschnitten. Es ist totenstill. Keiner wagt es, ein Wort über die Lippen zu bringen. Die Jüngeren schweigen, weil sie nicht wissen, welches Unheil ihnen nun droht. Die

Älteren, die die Lage besser einschätzen können, sagen kein Wort, weil sie einander keine Angst machen möchten; denn einige von ihnen waren früher schon einmal verschüttet worden. Aber nie zuvor waren sie in einer solchen Tiefe von 700 Metern eingeschlossen.

In dem Schutzraum lagern Stahlcontainer mit Kleidung, Decken, Trinkwasser, Sauerstoff und Nahrung für mehrere Wochen. Die Männer prüfen die Vorräte, finden aber nur wenig: eine Kiste mit haltbarer Milch und Thunfischdosen, außerdem noch einen Tank. Aber das Wasser schmeckt fahl und ist abgestanden. An der Wand hängt ein verrosteter Kasten. Darin ist die Notapotheke mit Aspirin, einigen Pflasterverbänden und Desinfektionsspray aufbewahrt. Es fehlt aber an Licht, an Betten, und der Raum ist mit 50 Quadratmetern für so viele Bergleute viel zu eng.

Zwei Tage harren die Verschütteten hier aus, ohne dass sie irgendetwas unternehmen. Sie hoffen alle, in ein paar Tagen gerettet zu werden. Aber in dieser Tiefe tut sich nichts, gar nichts. Ab und zu erschreckt sie herabfallendes Gestein. Erst nach zwei Tagen hat sich der Staub gelegt, und die Bergleute beginnen, die Mine zu erkunden. Nur die Zufahrtsrampe, mehrere Kammern und der Schutzraum sind ihnen zugänglich. Sie versuchen irgendwie über die Lüftungsschächte zu entkommen, aber auch dieser Ausweg bleibt ihnen versperrt. Jeder Versuch muss scheitern, weil die Felsbrocken hoch aufgeschichtet im Weg liegen.

Inzwischen aber beginnt oben auf dem Werksgelände eine der größten Rettungsaktionen. Bohrsonden werden in die Tiefe getrieben: neun schmale Röhren. Inzwischen sind auch die Angehörigen der Verschütteten an den Ort der Katastrophe geeilt und schlagen ihre Lager auf dem Firmengelände auf. Da es sich meist um fromme Menschen handelt, bauen sie Altäre auf, stellen ein Kreuz darauf und hängen Spruchbänder, Transparente mit Gedichten und Jesus- und Marienbilder auf. Fotos von ihren Verschütteten stehen auf den Tischen. Sie beten, glauben und hoffen auf die Rettung ihrer Männer, Brüder, Verlobten und sonstigen Angehörigen.

Tief unter der Erde beginnen sich die Bergleute auf ihre neue Situation einzustellen und richten sich ein notdürftiges Refugium ein. Pappkartons werden auseinandergerissen und dienen als Schlafstätte. Werkzeugkisten werden zu Bettgestellen umgebaut. Die Filter aus den Luftschächten dienen ihnen als Kopfkissen. Einer unter ihnen, Mario Sepulveda, wird zum Sprecher der Kumpels berufen. Dieser neue Leiter war früher Boss in der Gewerkschaft in Santiago. Er trifft klare Anordnungen, und die Männer gehorchen ihm. Keiner widersetzt sich ihm, und sie sind alle froh, dass er die Initiative ergreift. Die anderen fühlen sich in dieser bedrängenden Lage total überfordert. Einigen Männern laufen Tränen über ihre verstaubten Gesichter und sie sind verzweifelt.

Im Bergwerk nehmen die Erschütterungen kein Ende. Der Fels will sich einfach nicht beruhigen. Zunächst stellt ihr Boss eine Liste mit den Namen aller Eingeschlossenen zusammen. Bei jeder Essensausgabe werden alle Kumpel aufgerufen, um sicher zu gehen, dass keiner im Stollen verschollen ist. Die Fischdosen und auch die Milch werden rationiert. Ein Teelöffel Thunfisch und ein halbes Glas Milch am Mittag und am Abend bilden ihre tägliche Ration, manchmal gibt es noch einen Keks dazu; denn noch wissen sie nicht, wie lange sie auf die Rettung warten müssen. Erst nach vier Tagen hören sie das Geräusch eines Bohrers. Wird er den richtigen Stollen treffen? Dies käme einem Wunder gleich. Mit wuchtigen Schlägen vom Radlager aus versuchen sie, sich bemerkbar zu machen. Aber es gelingt ihnen nicht, Kontakt zur Außenwelt herzustellen.

Feste Rituale sollen helfen, dass die Männer den Mut nicht verlieren. Sie treffen sich am Morgen immer alle zur Andacht und auch beim Mittagessen sind sie beisammen, wenn auch die Ration sehr knapp bemessen ist. Mit einem Gebet beginnen sie die karge Mahlzeit. Einige der Arbeiter sind durch das abgestandene Wasser an Durchfall erkrankt. Andere leiden an einem juckenden Ausschlag oder unter heftigen Zahnschmerzen. Es ist heiß im Stollen. Bis auf 35 Grad und darüber steigt das Thermometer. Viele können auch nur schlecht schlafen. Kaum sind sie etwas eingenickt, dann werden sie von Albträumen wieder aufgeschreckt. Zwei Stunden Schlaf am Stück wird nur wenigen zuteil. Wenn sie aufwachen und über sich die Felswand sehen, erleben sie einen Schock.

Die Männer suchen in ihrem Elend die Nähe zu Gott. Oft knien sie im Schutzraum zum Gebet nieder und stärken sich durch Worte der Bibel, die sie aus den Gottesdiensten kennen. Immer schweigsamer werden die Eingeschlossenen. Oft liegen sie ganz apathisch auf den Pappkartons. Ab und zu nippen sie an einem Becher schmutzigen Wassers, wohl wissend, dass dies gefährlich sein kann. Aber der Durst ist unerträglich. Einige rechnen mit dem baldigen Tod. Auch ihr Boss ist oft niedergeschlagen. Manchmal möchte er am liebsten sterben. Er wünscht sich nur, dass er ohne arge Schmerzen bei Christus in die Herrlichkeit aufgenommen wird.

Doch am 22. August, 17 Tage nach dem schrecklichen Unglück, geschieht das Unfassbare. Gegen fünf Uhr in der Frühe durchbricht die Bohrsonde der Rettungsmannschaft mit einem dumpfen Schlag das Gestein nur wenige Meter von ihnen entfernt. Plötzlich sind alle hellwach und springen wie elektrisiert auf. Einer greift nach einem Schraubenschlüssel und hämmert mit aller Wucht gegen die Sonde. Ein anderer pinselt mit roter Farbe darauf: „Es geht uns gut im Refugium. Die 33." Einige Männer heften Zettel mit Grußbotschaften für ihre Lieben daran. Stunden später wird die Bohrsonde wieder hochgezogen die spektakulärste Rettungsaktion, die es je in der Geschichte des Bergbaus gegeben hat, beginnt.

Präsident Pinera fliegt sofort zur Mine und informiert die Presse weltweit. Die erste Bohrsonde ist gerade mal 8 cm breit. Frisches Trinkwasser und Glukose werden von den Ärzten in den Schacht hinuntergeschickt, um die geschädigten Mägen der Eingeschlossenen langsam wieder an Nahrungsmittel zu gewöhnen. Später folgen Früchte und Käsebrötchen. Auch eine kleine Videokamera wird hinunter gelassen. Sepulveda ist der Sprecher, der diese Rettungsaktion begleitet und die ersten Nachrichten nach oben schickt. Die Bilder, die die Angehörigen nun in ihrem Lager betrachten können, zeigen 33 abgemagerte und mit Staub bedeckte Bergleute. Ihre Wangen sind tief eingefallen und sehr bleich. Da sie sich unten nicht rasieren können, tragen sie alle Bärte. Und doch werden diese ausgezehrten Kumpels zum Symbol der Hoffnung, und ihre Bilder gehen um die Welt. Nicht nur Chile betet und handelt, damit die Verschütteten wieder aus ihrem Schacht befreit werden.

Aber die Rettung ist nicht so schnell möglich. Sie wird einige Wochen dauern. Das wissen auch die Angehörigen, die auf dem Minengelände kampieren. Zelte werden dort aufgebaut, und Campingwagen reisen an. Die chilenische Flagge flattert im Wind. Auf den Altären mahnen Fotos von den Kumpels im Bergwerk die Vorübergehenden zum Gebet. Viele Kerzen und Jesusbilder ermutigen zur stillen Andacht. Wer in der ganzen Welt beten kann, der faltet die Hände, damit die Rettung der 33 gelingen möge. In den Städten ringsum spenden Supermärkte und Budenbesitzer Lebensmittel, damit die Angehörigen im Camp kostenlos mit warmen Mahlzeiten versorgt werden können. Freiwillige Helfer eilen herbei und kochen riesengroße Töpfe mit Suppe und andere Köstlichkeiten. Auf dem Camp werden provisorisch eine Kirche und eine Schule errichtet, denn keiner will das Lager verlassen, bevor nicht die Minenarbeiter das Tageslicht erblickt haben. Radio, Internet und Fernsehen stehen für die Menschen bereit. Sogar ein in Einzelteile zerlegter Fernseher wird in die Tiefe gelassen, und ein geschickter Bergmann baut die einzelnen Teile unten wieder zusammen, damit die Verschütteten tief unter der Erde das Fußballspiel Chile gegen die Ukraine verfolgen können. Leider verlieren die Chilenen das Spiel. Einen Sieg hätte ihnen sicher in dieser vertrackten Situation jeder gewünscht.

In den kahlen Bergen der Atacama Wüste bieten die Rettungsarbeiten ein seltsames Bild. Nach der ersten Versorgungsröhre werden noch zwei neue installiert, und nur wenige Tage danach beginnen die Maschinen, Schächte in den Berg zu bohren, die erweitert werden. Durch eine dieser Röhren sollen die Kumpels hochgeholt werden. Jeder muss nun vorsichtig darauf achten, dass er nicht zu dick wird. Nur 90 cm Bauchumfang sind erlaubt, damit sie in die Rettungsbombe passen.

Die Bilder, die nun von den Männern nach oben gelangen, gehen um die ganze Welt. Über tausend Journalisten bevölkern das Camp. Einmal täglich werden auf der Pressekonferenz Nachrichten weitergegeben, wie es den Eingeschlossenen geht. Eine junge Mutter bringt in diesen Tagen ein Kind durch Kaiserschnitt zur Welt, und der Vater in seinem Gefängnis tief unter der Erde ist glücklich über den Familienzuwachs. Der Säugling ist 2500 g schwer und 48 cm groß. Das Mädchen erhält den Namen Esperanca. Dieser Name bedeutet Hoffnung. Übrigens trägt auch die Zeltstadt diese Bezeichnung. Oben herrscht ein Rummel wie auf einem Jahrmarkt. Aber die Bergleute wollen davon nicht so viel hören. Sie sind still, ausgemergelt und warten nur auf ihre Rettung.

Der Bergmann Victor Segovia schreibt folgenden Brief an seine Frau: „Liebe Sole, danke, dass du für mich gebetet hast. Dich werde ich nicht belügen. Den Kindern konnte ich die Gefährlichkeit des Unglücks nicht so in vollem Umfang mitteilen. Der Berg ist noch immer bedrohlich. Es ist hier unten nur wenig von der Mine übrig geblieben, wo wir uns verbergen könnten, wenn etwas passiert. Hoffentlich holen sie uns bald heraus. Wir schlafen im Schlamm, alles ist nass, wir tragen keine T-Shirts, sondern sind nur mit Hosen und Stiefeln bekleidet. Ich kann nicht begreifen, warum mich die Dunkelheit und die Einsamkeit nicht verrückt machen."

Der Mann, der diesen Brief schreibt, ist in seinem Wesen nach dem Bergwerksunglück stark verändert. Als seine Frau diese Zeilen einem Psychologen zeigt, vermutet dieser eine schwere Depression. Er macht ihr aber zugleich auch Hoffnung, dass die Schwermut behandelbar ist. Nur müsse sie viel Geduld zeigen; denn die Bewältigung der traumatischen Erfahrungen, die die Männer im Dunkel erlebten, würde eine längere Zeit beanspruchen. In einem anderen Brief schreibt der Mann: „Ein Teil meiner Psyche ist zerstört, mein Kopf ist voller Angst. Die Albträume wollen mich nicht in Ruhe lassen. Ich weiß, dass mich draußen schwere Monate erwarten. Aber ich werde das Inferno vergessen, obwohl dies fast unmöglich ist. Aber ich würde mich besser fühlen, wenn du mir auch schreiben könntest, Worte der Unterstützung, die mir helfen, ein neues Leben zu führen."

In den Gesprächen, die sie miteinander führen, keimt Hoffnung auf. Ja, sie schmieden sogar Pläne, dass sie Urlaub am Meer machen möchten, am liebsten ohne die Kinder, damit ihre Ehe wieder an Stabilität gewinnt.

In der Zwischenzeit wird gerechnet, geprüft und gebaut, um eine Rettungskapsel herzustellen, mit der die verschütteten Bergleute ans Tageslicht befördert werden können. Anfang Oktober wird die erste Rettungsbombe auf das Betriebsgelände gebracht. Über zwei Monate sind die Kumpels nun schon tief in der Erde gefangen. Jeder soll nun neu eingekleidet werden, und Kompressionsstrümpfe sollen verhindern, dass sich das Blut auf der siebenhundert Meter langen Fahrt nach oben verklumpt. Außerdem erhalten sie Aspirin zur Blutverdünnung. Drei Bohrmaschinen sind Tag und Nacht im Einsatz. Tief graben sie sich in die Erde ein. Am 3. Oktober ist eine Maschine nur noch 200 Meter von den Verschütteten entfernt, und eine Rettungsmannschaft plant den Ausstieg aus der Mine. Am 9. Oktober erreicht der Bohrkopf die Eingeschlossenen. Nun dauert es nur noch wenige Tage, bis alle Vorbereitungen zur Rettung abgeschlossen sind.

Live wird die dramatische Rettungsaktion über das Fernsehen ausgestrahlt, und buchstäblich die ganze Welt kann ihren Ablauf auf dem Bildschirm verfolgen. Am 13. Oktober um 24 Uhr 12 wird nach 69 Tagen unter der Erde Florencio Avalos als erster Kumpel nach oben gebracht. Verhaltener Jubel kommt auf, denn noch sind die anderen 32 unter der Erde gefangen. Ein Bangen und Beten begleitet die Rettungsmannschaft. Eindrucksvoll ist diese Aktion.

Unter den chilenischen Bergleuten ist auch ein Bolivianer. Als er aus der Kapsel steigt, wirft er sich auf seine Knie, bekreuzigt sich und spricht ein Gebet. Seine beiden Hände erhebt er in die Höhe und ruft laut seinem Schöpfer Dank zu. Jimmy Sanchez Lagues ist mit 19 Jahren der Jüngste der 33 Verunglückten. Am Mittwoch kommt er als Fünfter von ihnen wieder ans Tageslicht. Während der mehr als zwei Monate in der Gefangenschaft hat er eine innere Umkehr erlebt. Nachdem er den Rettungskorb verlassen konnte, sagt er: „Gott hat wohl gewollt, dass ich noch am Leben bleibe. Vielleicht soll ich mich ändern. Das will ich auch tun. Ich habe viel nachgedacht und danke Gott auch, dass er mir eine Tochter geschenkt hat." Bei seiner Rettung hält er die blaue Fahne seines Lieblingsfußballvereins in der Hand.

Mario Gomez Heregia ist mit seinen 63 Jahren der Älteste der Bergleute. Er schickte als Erster die Nachricht nach oben, dass die 33 noch leben. Bei seinem Ausstieg hält er die chilenische Flagge in den Händen. Als er wieder an das Tageslicht befördert wird, fällt er auf seine Knie und dankt Gott für dieses Wunder. Danach erst schließt er seine Frau in die Arme.

Nur knapp 23 Stunden dauert die Rettung. Als der Letzte aus der Kapsel steigt, brandet lauter Jubel auf. Es wird aber auch allen sofort deutlich: Hier hat Gott ein einmaliges Wunder vollbracht. Schon mit der ersten Bohrung war man nahe der Verschütteten gelandet, obwohl man oben nie genau wusste, wo sie sich eigentlich befanden. Einer der geretteten Bergmänner ruft ins Mikrofon: „Ich habe dort unten in der Tiefe mit dem Teufel gekämpf. Aber Gott war der Stärkere und hat gesiegt." Ein kräftigeres Glaubenszeugnis kann angesichts der Katastrophe nicht gesagt werden.

Die Kumpels werden mit Sonnenbrillen gegen das grelle Licht versorgt und sofort mit einem Hubschrauber ins nächste Krankenhaus geflogen. Dort werden sie von den Ärzten bestens betreut. Der Gesundheitszustand ist bei den meisten erstaunlich gut. Nur zwei werden wohl etwas länger in der Klinik bleiben müssen. Auf dem Gelände des Bergwerks wird nach der Entlassung der Geretteten aus dem Krankenhaus dann ein gewaltiger Gottesdienst gefeiert. Viele kommen, um dem Schöpfer Dank abzustatten. In der schlimmsten Not hat er sich als wunderbarer Helfer erwiesen.

Auch ich, die ich diese Rettungsaktion bis in die Nächte hinein am Fernseher verfolgt habe, spreche bewegten Herzens die Worte aus Psalm 126,1-3: „Wenn der Herr die Gefangenen Zions erlösen wird, dann werden wir sein wie die Träumenden.

Dann wird unser Mund voll Lachens und unsere Zunge voll Rühmens sein. Da wird man sagen unter den Völkern: Der Herr hat Großes an ihnen getan! Der Herr hat Großes an uns getan; des sind wir fröhlich."

Das gerettete Baby

Heute wurden Bilder im Fernsehen ausgestrahlt, die wohl alle Zuschauer in Staunen versetzten. Eine Mutter war mit ihrem Neugeborenen auf dem Weg zum Einkaufszentrum. Kurz vor dem Parkplatz bog ein großer Lastwagen plötzlich links ab. Die Mutter mit dem Kinderwagen hatte er nicht gesehen. Sie müssen wohl im toten Winkel gewesen sein. So fuhr er direkt über den Buggy und drückte ihn total zusammen. Laut schrie die Mutter auf, und auch der Fahrer schlug seine Hände vor sein Gesicht. Er sprang er aus dem Wagen und eilte auf die Mutter zu. „Nein, das habe ich nicht gewollt, ich habe das Baby nicht gesehen." Der junge Mann war verzweifelt, ja er hatte einen Schock erlitten.

Wer diese Bilder sah, hätte später nicht glauben können, dass die Mutter ihren Säugling heil aus dem total zerstörten Kinderwagen zog. Nicht eine Schramme war an dem Baby zu sehen. Beiden, dem Lastwagenfahrer und der Mutter, fielen Zentnerlasten von der Seele. Sie atmeten tief durch. Schnell telefonierte die Mutter mit ihrem Mann und er eilte sofort vom Büro zum Supermarkt. Als er den zerknautschten Buggy sah und sein Baby heil in den Armen seiner Frau, hob er beide Hände hoch. Laut rief er aus, sodass es die herbeigeeilten Menschen auch hören konnten: „Dem Himmel sei Dank! Ja, dem Himmel sei Dank!" Auch die Reporter, die zur Unglücksstelle gekommen waren und den vom Laster völlig zerstörten Kinderwagen sahen, atmeten erleichtert auf: „Dieses Baby muss ein ganzes Heer von Schutzengeln gehabt haben!"

Ein Wunder war vor unseren Augen geschehen, und wer beten konnte, dankte dem Herrn, der schützend seine Hände über diesem Kleinkind gehalten hatte. Mir ist dieses Geschehen unbegreiflich. Aber Wunder sind immer unbegreiflich. Sie bleiben ein Geheimnis, machen uns aber die Größe unseres Gottes bewusst.

Ich selbst habe auch bei unseren Kindern so manches Wunder erlebt. Von einem will ich erzählen. In unserem Flur stand immer ein Sportschuh in den Ecken herum. Das störte mich und ich sagte zu meinem Sohn: „Such doch den andern Schuh und dann stell das Paar in den Schuhschrank. Mach das jetzt gleich!"

„Aber Mama, weißt du denn nicht, dass es den zweiten Schuh gar nicht mehr gibt? Während meines Urlaubs in Kanada unternahm ich mit meinen Freunden eine Bootsfahrt. Ein Unwetter kam auf. Die Wellen schlugen höher und höher. Wie eine Nussschale wurde unser Boot hin und her geworfen. Angst überfiel uns, denn solch einen Sturm hatten wir noch nie erlebt. Plötzlich wurde unser Boot von einer hohen Woge gepackt und wir alle stürzten ins Wasser. Wir hätten ertrinken können und kämpften um unser Leben. Dabei habe ich einen Schuh im See verloren. Den zweiten aber will ich mir aufheben zum Zeichen, dass wir alle sicher an Land schwimmen konnten."

Ich wüsste nicht, wie ich meine Kinder angstfrei loslassen könnte, wenn ich nicht um diesen bewahrenden Schutz Gottes wüsste. Mir bleibt das tägliche Gebet, z. B. für Matthias und seine Familie in Amerika, für Daniel auf der Missionsstation in Thailand, für Mareike im Sozialen Jahr in Brasilien, für Mirjam, die in Australien für einige Monate die Schule besucht, und für Johannes, der augenblicklich zu einem Dienst für die Studentenmission nach England gereist ist. Aber auch für die Kleinen, die im Land bleiben, erbitte ich Gottes Schutz. Einmal rief die Schwiegertochter an: „Mutter, kannst du schnell mal kommen? Ich muss mit dem Baby in die Klinik fahren. Nils hat zu Hause Frisör gespielt und seinem kleinen Schwesterchen die Haare schneiden wollen. Dabei hat er das Ohrläppchen erwischt. Es blutet sehr stark."

In meiner Bibel habe ich das Wort aus Psalm 91 dick unterstrichen: „Gott hat seinen Engeln über dir befohlen, dass sie dich behüten auf allen deinen Wegen, dass sie dich auf Händen tragen und du deinen Fuß nicht an einen Stein stoßest." Darin liegen Hilfe und Trost. Ich weiß meine fünf Kinder, Schwiegerkinder und 15 Enkel in Gottes guter Fürsorge aufgehoben und bewahrt. Natürlich ist dies kein Freibrief, und ich weiß auch um manchen Sturz oder Unfall. Aber doch bin ich froh, dass ich nicht ständig in Angst leben muss. Mein Herr wird alles wohl machen, denn „sein Rat ist wunderbar, und er führt alles herrlich hinaus."

Wenn der Regen fällt

Wer aus der Landwirtschaft kommt, der weiß, wie sehr ein Bauer vom Wetter abhängig ist. Als ich ein junges Mädchen war, hatte mein Vater zehn Morgen Land gepachtet, um unseren Lebensunterhalt zu sichern; denn wir hatten außer unseren sechs Pferden alles auf der Flucht verloren: Äcker, Vieh und Hof. Wenn im Mai oder Juni der Regen ausblieb, dann wuchs die Anspannung bei den Landwirten. Auch mir war klar: Unser Korn würde auf dem Halm vertrocknen, wenn jetzt nicht der Regen einsetzte.

Mein größter Wunsch, einmal Bäuerin zu werden, ist mir nie erfüllt worden. Kein Hoferbe hat einen Blick auf mich armseliges Flüchtlingsmädchen geworfen. Als ich dann einen Theologen kennenlernte, platzte dieser Traum wie eine Seifenblase. Acker, Hof und Vieh habe ich nie bekommen. Aber an meiner Seite steht ein wunderbarer Ehepartner, mit dem ich schon 54 Jahre verheiratet bin. Gott hat mich viel reicher gemacht, als ich es mir hätte ausdenken können, und seit vielen Jahren bestellen wir gemeinsam Gottes Acker in seinem Reich. Außerdem hat Gott mich immer mit einem Garten beschenkt. Wenn mir die Sonne auf den Rücken schien, ich die Erde durch die Hände gleiten ließ und mir der Same durch die Finger rann, dann war ich glücklich. Oft waren die Erdbeeren herrlich groß und süß, und wir wurden mit Kartoffeln, Bohnen und Erbsen in so reichem Maße beschenkt, dass ich meine Familie gut versorgen konnte. Ja, ich konnte sogar manches Körbchen mit frischem Gemüse aus dem eigenen Garten an meine Freunde und Nachbarn verschenken. Und doch ist mir immer diese Sorge geblieben: Wird der Himmel sich wohl zur rechten Zeit öffnen und den nötigen Regen schicken? Wenn im Vorgarten der Rasen braun vor Trockenheit wurde und die Gemüseblätter auf den Beeten welkten, war ich oft sehr bekümmert. Bliebe der Regen aus, dann wäre meine ganze Frühjahrsbestellung umsonst gewesen. Ich müsste qualvolle Tage durchstehen, wenn ich nicht um das Gebet wüsste: „Herr, führe Wolken herzu und lass Regen herabfließen in Fülle." Wurde dann mein Gebet erhört und die ersten Regentropfen plätscherten auf das Dach, klangen sie mir wie ein Lobpreis in meinen Ohren. Ich weiß, ich habe einen Gott, der den Himmel aufreißt und das Nass von oben auf die dürre Erde fallen lässt. Diese Erfahrung habe ich schon mehrfach im Leben machen dürfen. Nie muss ich zweifeln und denken, Gott habe mich vergessen. Seine Verheißung aus Joel 2,21-26 wird mir unsagbar kostbar:

„Fürchte dich nicht, liebes Land, sondern sei fröhlich und getrost; denn der Herr kann auch Gewaltiges tun.

Fürchtet euch nicht, ihr Tiere auf dem Felde, denn die Auen in der Steppe sollen grünen und die Bäume ihre Früchte bringen, und die Feigen und Weinstöcke sollen reichlich tragen.

Und ihr, Kinder Zions, freut euch und seid fröhlich im Herrn, eurem Gott, der euch gnädigen Regen gibt und auf euch herabsendet Frühregen und Spätregen wie zuvor, dass die Tennen voll Korn werden und die Keltern Überfluss an Wein und Öl haben sollen.

Und ich will euch die Jahre erstatten, deren Ertrag die Heuschrecken, Käfer, Geschmeiß und Raupen gefressen haben, mein großes Heer, das ich unter euch schickte.

Ihr sollt genug zu essen haben und den Namen des Herrn, eures Gottes, preisen, der Wunder unter euch getan hat, und mein Volk soll nicht mehr zuschanden werden."

Eberhard Heiße

Während ich meine Erfahrungen aus der Telefonseelsorge niederschreibe, werde ich an einen Menschen erinnert, dessen Lebensgeschichte mich stark bewegt hat. In dem Buch „Durchs Rote Meer und andere Wüsten" hat er sie aufgeschrieben. Eberhard Heiße ist sein Name. Es ist erstaunlich, wie unerschrocken und tapfer er zu DDR-Zeiten seinen Weg gegangen ist. Die Hand fest auf dem Pflug ruhend, hat er in notvollster Zeit vor allem junge Menschen zu Christus geführt. Dabei wurde er von vielen Seiten hart bedroht, sodass ihm fast der Atem ausgehen wollte. Aber er blieb standhaft.

Eberhard Heiße war Kreisjugendwart im Bezirk Marienberg im Osterzgebirge. Gott hatte ihn mit einem besonderen Charisma begabt, und er konnte die Jugend für Jesus begeistern. Oft kamen mehr als tausend Besucher in seine Veranstaltungen und die Kirche war überfüllt. Das war natürlich dem Staatssicherheitsdienst ein Dorn im Auge. „Der Mann muss weg!", hatte die Stasi beschlossen. Aber wie sollten sie dies handhaben? Eberhard Heiße war bei den jungen Christen beliebt. Hätte man ihn gefangen gesetzt, dann wäre ein Sturm der Entrüstung losgebrochen. Aber ein Aufsehen wollte die Führung der DDR vermeiden. An Eberhard Heiße konnten sie nicht Hand anlegen, und so verfielen sie auf einen perfiden Plan. Sie wollten ihn außer Kraft setzen, indem sie ihn als Vater an einem wunden Punkt trafen. Das waren seine Kinder.

Am 20. Oktober 1980 klingelte bei ihm das Telefon. „Hier ist der Kraftverkehr. Wir wollen anfragen, warum Stephan heute nicht zur Arbeit erschienen ist."

„Das tut mir leid, aber er hat heute Morgen wie jeden Tag pünktlich das Haus verlassen. Zwar war es eine Stunde später als sonst, aber darum hatten Sie ihn ja gebeten." Plötzlich bewegte die Familie nur eine Frage: Wo ist Stephan? So gegen zehn Uhr klingelte es an der Haustür. Zwei unbekannte Männer standen vor dem Vater. Sie zeigten ihre Ausweise und sagten in strengem Ton: „Hausdurchsuchung! Wo ist das Zimmer Ihres Sohnes?" Hier wurden nun Schränke, Schubladen und Regale durchwühlt. Außer ein paar Zeitschriften aus Westdeutschland fanden sie nichts Verdächtiges.

„Wo ist Stephan?", wollte der Vater wissen.

„Verhaftet."

„Warum?", fragte der Vater.

„Das können wir Ihnen nicht sagen."

Erst am Nachmittag erhielt die Familie eine Information. Ein Augenzeuge berichtete: „Auf dem Weg zur Arbeit stand in einer Seitenstraße, an der Stephan vorbeigehen musste, ein schwarzer Wolga, die Staatslimousine der DDR. Plötzlich öffneten sich vier Türen, Stephan wurde in das Innere des Autos gezerrt, und schon rollte der Wagen Richtung Stasigebäude weiter. Das ging alles blitzschnell.

Der Vater suchte das Gespräch mit dem Staatsanwalt und wollte wissen, warum man seinen Sohn verhaftet habe. Ihm wurde nur gesagt: „Wegen Staatsverleumdung." Dann war das Gespräch zu Ende.

Auf dem Kaßberg in Karl Marx Stadt, das heute wieder Chemnitz heißt, stand der Knast. Der Vater sah sich das Gefängnis näher an. Die Mauern waren mit Stacheldraht und elektrischem Kabel gesichert. Auf den Wachtürmen standen bewaffnete Soldaten. Die kleinen Fenster in dem dunklen Gebäude waren vergittert. „Und dahinter sitzt nun mein Sohn", musste sich der Vater sagen. Wurde er jetzt verhört und landete er danach im Keller? Fragen über Fragen wühlten sein Gemüt auf. Schweren Schrittes ging er wieder nach Hause. Er konnte nichts für seinen Jungen tun. Mit seinem Trabi fuhr er zurück nach Marienberg. Aber der Vater war nicht mehr der Alte. Stundenlang saß er am Schreibtisch und konnte keinen klaren Gedanken fassen. Ihn bewegte nur eines: Wie wird es meinem Stephan gehen? Es folgten viele schlaflose Nächte, und das zehrte an den Nerven. Seine Bibel wurde ihm zu einem verschlossenen Buch und er konnte auch nicht mehr beten. Wie ausgelaugt war sein Innerstes. In dieser fatalen Situation wurde der Vater an ein Bibelwort erinnert: „Desgleichen hilft auch der Geist unserer Schwachheit auf. Denn wir wissen nicht, was wir beten sollen, wie sich's gebührt, sondern der Geist selbst vertritt uns mit unaussprechlichem Seufzen. Wir wissen aber, dass denen, die Gott lieben, alle Dinge zum Besten dienen, denen, die nach seinem Ratschluss berufen sind" (Römer 8,26 und 28).

Plötzlich sah er das Gefängnis, in dem sein Sohn einsitzen musste, von einem strahlenden Licht durchdrungen. Diese Vision riss ihn aus der Verzweiflung heraus. Ihm wurde bewusst: Jesus ist jetzt bei Stephan, so wie er auch ihn, seinen Vater, mit seinem göttlichen Licht umfing. Nie zuvor hatte er eine solche Erscheinung erlebt. Aber nun durfte er diese einzigartige Erfahrung machen. Jesus wurde sein Licht und half seiner Schwachheit auf. Untrüglich wurde ihm bewusst: Gott zerbricht nicht das geknickte Rohr und löscht auch nicht den glimmenden Docht aus.

Natürlich bewegte den Vater die Frage, warum man Stephan verhaftet hatte. Er sprach mit seinen Freunden darüber, und einer erzählte, Stephan habe sich mit einigen Soldaten auf der Straße unterhalten. Ein Offizier sei vorbeigekommen und habe bei einem Soldaten den schief sitzenden Kragen kritisiert. Stephan habe sich eingemischt und es sei zu einem Disput gekommen, bei dem Stephan in seiner Erregung gesagt habe: „Du bist nur Offizier geworden, weil du zum Arbeiten zu faul bist." Sofort habe der Offizier die Gruppe verlassen und Stephan nachgerufen: „Das wird noch Konsequenzen für Sie haben."

Diese Äußerung von Stephan wurde dann aktenkundig gemacht.

Und noch ein Vorfall wurde dem Vater berichtet: Stephan hatte einen Laden aufgesucht, hatte aber ohne Waren wieder hinausgehen müssen. Da hatte er in seinem Ärger losgeschimpft: „Es ist in diesem Staat zum Kotzen. Die da oben haben nur eine dicke Schnauze, und zu kaufen gibt es nichts." Aber war dies der Grund dafür, dass der Sohn verhaftet wurde? Wahrscheinlicher ist es, dass die Stasi den Vater mit der Gefangennahme seines Sohnes hart treffen wollte; denn die „Offenen Abende" mit den überfüllten Sälen waren dem Staat ein Dorn im Auge. Aber das war nur eine Vermutung.

Als der erste Brief von Stephan eintraf, ging er in der Familie von Hand zu Hand. Er schrieb, dass sie sich keine Sorgen um ihn machen sollten. Ihm ginge es den Umständen entsprechend gut. Es folgte dann das erste Gespräch der Mutter mit ihrem Sohn. Der Vernehmer war höflich, sogar freundlich. Stephan wurde in einen mit Holz getäfelten Raum gebracht. Die Mutter wollte einiges von ihm wissen: „Kannst du hier lesen?"

„Ja, es gibt eine Bibliothek."

„Wie ist das Essen?"

„Es ist sehr gut und ausreichend."

„Hast du eine Bibel?" Das musste der Sohn verneinen. Die Mutter durfte noch ein Wort aus der Heiligen Schrift lesen und mit Stephan beten. Dann war die Besuchszeit zu Ende. Später wurde Stephan erlaubt, zweimal wöchentlich für 30 Minuten eine Bibel zu erhalten. „Warum nur so kurz?", fragte der Vater später nach. „Offensichtlich sind zu wenig Bibeln vorhanden."

„Ich bin bereit, dreißig Bibeln kostenlos zur Verfügung zu stellen, damit die Ausleihzeit nicht so kurz bemessen ist." Daraufhin wurde die Atmosphäre eisig und das Gespräch abgebrochen.

Warum nur hat die Stasi Angst vor der Bibel?, fragte sich Eberhard Heiße. Ist die Bibel ein so gefährliches Buch?

Die Verteidigung von Stephan Heiße übernahm Rechtsanwalt Schnur aus Rügen. Damals wussten die Eltern nicht, dass er zur Stasi gehörte. Ihnen wurde auch untersagt, bei der Verhandlung anwesend zu sein. Der Sohn wurde zu zwei Jahren und sechs Monaten Haft verurteilt. Die Eltern und Stephan selbst waren darüber sehr niedergeschlagen. Im Westen hätte das Urteil 50 Euro Strafe für Beamtenbeleidigung gelautet.

Es folgten schwere Zeiten für diesen jungen Mann. Nervlich war er oft am Ende und zitterte am ganzen Körper. Er war nun im Strafvollzug in Brandenburg. Über tausend Männer saßen hier ein. Es war ein großes, rotes Backsteingebäude, umzäunt mit elektrischem Draht. Fliehen war fast unmöglich. Die Unterbringung war zum Heulen, und zwei Jahre und sechs Monate waren eine lange Zeit. Wie würde dieser junge Christ die Gefangenschaft überstehen? Wieder war es die Mutter, die ihren Sohn als Erste besuchen durfte. Für zwanzig Mark konnte sie ihm Lebensmittel kaufen. Die eine Stunde Besuchszeit verging viel zu schnell. Die Mutter las noch die Losung des Tages und betete mit ihrem Jungen. Der Vater hatte sich bemüht und für Stephan eine Bibel besorgt. Hier in diesem Gefängnis wurden auch ab und zu Gottesdienste abgehalten und ein Pfarrer durfte die Gefangenen in ihren Zellen besuchen. Aber durfte man ihm vertrauen?

Gerüchte waren im Umlauf, dass er auch ein Stasimitarbeiter sei.

Im September 1981 wurde Susanne Heiße, gerade 20 Jahre alt, verhaftet. Man warf ihr vor, sie habe Republikflucht geplant. Dies war der zweite schreckliche Schlag, der die Familie Heiße traf. Nun saß Susanne in Karl Marx Stadt, wo auch ihr Bruder zunächst eingeliefert worden war. Für Stephan reichten die Eltern ein Gnadengesuch ein. Es wurde ihnen zugesagt, dass man dem Sohn einen Straferlass gewähren würde, wenn er sich nichts zuschulden kommen ließe. Leider wurde das Gnadengesuch abgelehnt. Und alle Bemühungen waren umsonst gewesen. Die Stasi hatte anders entschieden.

Die Eltern waren zutiefst bekümmert und die Anfechtungen wurden für Eberhard Heiße bedrohlich. Er sollte nach dem Urteil der Stasi „weichgekocht" werden. Aber die jungen Christen in Marienberg standen hinter ihrem Vorsitzenden, beteten für ihn und seine Familie. So wurde Eberhard Heiße zwar bis ins Innerste erschüttert, aber er sah nicht zurück, um mit dem Bibelwort zu sprechen, und hielt im Glauben stand. Die Hand hatte er fest an den Pflug gelegt und richtete seinen Blick nach vorn.

Anfang 1982 erhielt der Vater die Nachricht vom Staatsanwalt, dass Stephan doch noch wegen guter Führung entlassen würde. Die Kirchenleitung hatte in diesem Fall vermittelt und Erfolg gehabt. *Ja, es geschehen auch heute noch Zeichen und Wunder*, dachte der Vater voller Dankbarkeit.

Nun war Stephan wieder zu Hause. In der Allianzgebetswoche predigte Frau Heiße über Psalm 126. Dort heißt es in Vers eins und zwei: „Wenn der Herr die Gefangenen Zions erlösen wird, so werden wir sein wie die Träumenden. Dann wird unser Mund voll Lachens und unsere Zunge voll Rühmens sein." Ihrer Predigt merkte man die übergroße Freude an.

So führt der Dienst für Gott manchen Christen in schreckliche Anfechtungen, birgt aber auch wunderbare Verheißungen.

Gott gehören auch die Tiere

1924 war in Dallas, Texas, ein theologisches Seminar gegründet worden. Junge Menschen sollten darin zum Dienst im Reich Gottes ausgebildet werden. Zunächst flossen die Spendengelder reichlich, aber mit der Zeit nahm die Zahl der Sponsoren ab. Es bestand die Gefahr, dass die Bibelschule geschlossen werden müsste. Man stand kurz vor dem Bankrott. Die Zwangsvollstreckung war von den Gläubigern schon auf den Mittag festgelegt worden. In der Frühe dieses Tages trafen sich die Verantwortlichen des Seminars im Büro des Rektors, um noch einmal Gott diese entsetzliche Not vorzulegen. Einer von den Leitenden, Dr. Ironside, ein recht origineller Mann, betete in seiner erfrischenden Art: „Lieber Herr, es ist mir bewusst, dass dir alle Tiere auf den Weiden gehören. Bitte verkauf doch einige von ihnen und lass uns das Geld zukommen."

Daraufhin geschah Folgendes: Ein Farmer aus Texas mit offenem Hemdkragen und hohen Stiefeln näherte sich der Bibelschule und betrat das Büro der Sekretärin. „Ich habe gerade zwei Wagenladungen Rinder verkauft. Schon eine ganze Zeit lang versuche ich, das Geld gewinnbringend anzulegen, aber es klappt nicht. Jedes Mal, wenn ich fast am Ziel und kurz vor dem Vertragsabschluss stehe, tun sich neue Schwierigkeiten auf. Ich habe jetzt das Gefühl, Gott möchte, dass ich mit meinem Geld das Bibelseminar kräftig unterstütze. Ich weiß zwar nicht, wie es dem Institut finanziell geht, aber hier ist der Scheck." Mit diesen Worten überreichte er ihn der Sekretärin. In ihrer überschwänglichen Freude platzte sie mitten in die Gebetsversammlung hinein. Sie wusste ja, wie kritisch es um die Schule stand. Der Direktor nahm den kostbaren Scheck entgegen. Als er ein Auge darauf warf, erkannte er sofort: Es war gerade die Summe, die das Seminar vor dem Bankrott retten würde. Als er den Namen des Spenders und seinen Beruf, Viehzüchter, las, wandte er sich an Dr. Ironside und sagte: „Bruder, dein Gebet ist erhört. Gott hat die Rinder verkauft."

Diese Geschichte gefiel mir außerordentlich gut. Wir haben hier in Marburg auch ein Bibelseminar. Mein Mann hat es vor über 30 Jahren gegründet. Auch dieses Institut leidet oft unter Geldmangel. Jeden Monat muss man bangen, ob denn auch die Summe zusammenkommt, die unbedingt gebraucht wird. Da sind die Gehälter für die Lehrer zu bezahlen, und in den Wintermonaten muss Öl für die Heizung gekauft werden. Da das Seminar ständig wächst – heute studieren mehr als 200 junge Menschen dort –, müssen Räumlichkeiten für die Unterbringung der Seminaristen gebaut und auch Lehrsäle geschaffen werden. Außerdem haben junge Menschen einen guten Appetit, und die Lebensmittel sind nicht gerade billig. Ich wusste um die Not unseres Schwiegersohns, der als Direktor zum Nachfolger meines Mannes berufen wurde. Wir überlegten, wie wir helfen könnten. Finanziell ging es uns in der Familie gut. Alle unsere fünf Kinder waren endlich mit ihren Ausbildungen fertig und wir brauchten nun nicht mehr die hohen Summen für das Universitätsstudium aufbringen. So hatten wir etwas Geld ansparen können. Uns wurde klar, wir sollten diese Summe dem Bibelseminar zukommen lassen. Mein Mann füllte einen Scheck aus, und beim Jahresfest des Bibelseminars steckte ich den Umschlag unserem Schwiegersohn zu. Noch am selben Abend rief er uns an:

„Ich kann euch gar nicht sagen, wie glücklich ihr mich mit dem Geld gemacht habt. Ich steckte wirklich in der Klemme. Danke! Danke! Eure kräftige Geldspritze ist mir ein Beweis, dass Gott unser Bibelseminar erhalten will."

Inzwischen wiederholen wir diese Spende jedes Jahr, und immer wieder ist die Freude riesengroß.

Diesem Anruf unseres Schwiegersohns folgte für mich noch ein weiteres frohes Erleben. Ich war zu Bibeltagen ins Erzgebirge gereist. Meine Quartiergeberin war Frau Wetzel (Name ist geändert). Sie ist eine wunderbare Frau und hat mich recht verwöhnt, denn Kochen ist ihre Leidenschaft. Wenn ich abends nach meinem Vortrag heimkam, stellte sie immer noch einen leckeren Imbiss auf den Tisch. In einem anregenden Gespräch ließen wir den Abend ausklingen. Einmal erzählte sie mir von ihrer Schwiegermutter, für die sie nun sorgen sollte. Sie war schon über 90

Jahre alt. Schwiegermutter und Schwiegertochter waren früh Witwen geworden. Mutter Wetzel war zwar hoch betagt, aber geistig frisch und lebendig. Zeit ihres langen Daseins hatte sie immer in bescheidenen Verhältnissen gelebt. Ihr wunderschönes Haus hatte sie immer gut gepflegt. Aber nun sah sie ein, dass sie in diesem hohen Alter zu ihrer Schwiegertochter ziehen sollte. Diese würde gut für die alte Mutter sorgen. Ihr eigenes Haus sollte jetzt verkauft werden. Die Schwiegertochter wurde als Erbin testamentarisch eingesetzt. „Frau Bormuth", erzählte mir meine Quartiergeberin, „nun bin ich eine reiche Frau geworden. Ich habe überlegt, ob ich mir nicht ein Eigenheim bauen und auf diese Weise das Geld anlegen sollte. Bis jetzt habe ich immer zur Miete gewohnt. Aber ich stehe vor einem großen Problem. Ich weiß nicht, wie ich die Sache mit dem Hausbau in Angriff nehmen soll. Haben Sie eine Ahnung, wie man so etwas macht? Zu Ihnen habe ich Vertrauen."

Für mich war es gar nicht schwer, gute Tipps weiterzugeben. Wir hatten uns vor Jahren selbst ein Fertighaus bauen können. Die Firma Rensch aus Uttrichshausen in der Rhön ist sehr zuverlässig, baut gediegen, und vor allen Dingen steigen die Kosten des Baus nicht ins Uferlose. Der Hausbau geht sehr schnell voran, und in drei Monaten ist das Fertighaus bezugsfähig. Helmut Rensch ist ein gläubiger Christ und ein tüchtiger Unternehmer dazu. So fragte ich Frau Wetzel, ob ich ihre Adresse an die Firma Rensch weitergeben dürfte. Der Bauunternehmer würde sich bestimmt bei ihr melden, denn er hatte auch im Osten Deutschlands eine Firmenniederlassung. So kam es zu einem Vertragsabschluss und schon im nächsten Jahr war Einzugstermin ins neue Häuschen. Am Telefon erzählte mir Frau Wetzel noch, wie dankbar sie für die gute Zusammenarbeit mit dem Bauleiter der Firma war. Er habe sich um alles gekümmert, die nötigen Behördengänge unternommen und auch ein sehr schönes Baugrundstück in Leipzig gefunden, ja er habe mit ihr sogar gebetet.

Und dann kam für mich eines Tages die große Überraschung. Ein halbes Jahr später erhielt ich völlig unerwartet einen Scheck von der Firma Rensch für die Vermittlung eines neuen Kunden. Da habe ich doch Bauklötze gestaunt. Ohne einen Finger krumm gemacht zu haben, erhielt ich eine solch hohe Summe. Ich konnte den Scheck an das Bibelseminar weitergeben, und wieder war die Freude groß. Auch ich war darüber glücklich. Gott füllte mir die Hände, um Gutes zu tun. Dafür kann ich ihm nur von Herzen danken.

Eine Kuh für eine Kirche

Aus Russland hörte ich folgende wahre Begebenheit. Unter Stalins Herrschaft brandete schon 1929 der Hass gegen alles Christliche mächtig auf. Um die Gemeinden zu zerstören, ordnete der Diktator an, dass die Gläubigen sich in eine Liste eintragen lassen müssten. Ihnen war auch auferlegt, eine hohe Steuer zu entrichten, die auf jedes Gotteshaus gelegt war. In der Ortschaft Kurganje stand auf einem Hügel eine wunderschöne Kirche. Sie war der Mittelpunkt des Gemeindelebens. Hier heirateten die jungen Paare und erflehten den Segen Gottes für ihre Ehe. Hier ließen sie ihre Kinder taufen, hier feierten sie das heilige Abendmahl und hier gingen sie auch zur Beichte. Jeden Sonntag hörten sie hier die Predigt. Starb ein Gemeindeglied, dann wurde vom Altar her die Trauerfeier abgehalten und die Angehörigen und Freunde ließen sich von ihrem Priester trösten. Die Kirche war das Symbol ihres Zeugnisses, dass Jesus lebt und selbst über seinem Hause wacht.

Nun aber gerieten die Christen in entsetzliche Not. Woher sollten sie das Geld für die hohen Steuerlasten nehmen? Die Gläubigen waren meist arme Bauersleute, aber ihre Kirche bedeutete ihnen sehr viel. So setzten sich die Männer zusammen, und unter Gebet überlegte jede Familie, wie viel sie dazu beitragen konnte, dass die Mitte ihres christlichen Lebens, ihre Kirche, erhalten bleiben konnte. Einige waren sogar bereit, ihre letzte Kuh zu verkaufen, um die hohe Steuer für ihr Gotteshaus aufzubringen.

Mich hat die Liebe der Christen zu ihrem Herrn sehr berührt. Eine Kuh habe ich nicht, aber welchen Preis würde ich für meine Kirche einsetzen? Zum Glück bin ich nie vor eine solche Frage gestellt worden. Ich weiß nicht, wie die Antwort ausgefallen wäre.

Von meinen Vorfahren weiß ich, dass ihnen in Bessarabien von der russischen Zarin Katharina der Großen ein Stück Land zugewiesen worden war. Das sollten sie urbar machen und sich damit den Lebensunterhalt sichern. Es war ein mühsames Unternehmen. Oft war es so, dass sie mit ihrem eigenen Hausbau auch die Errichtung einer Kirche in Angriff nahmen. Diese Liebe zu Gott hat mich sehr bewegt. Es war erstaunlich, wie das geistliche Leben in den Dörfern aufblühte. Gott schenkte sogar mehrere Erweckungen.

Wunderbare Begegnungen

Heute erhielten wir die Nachricht, dass ein Freund unserer Familie in die Ewigkeit abberufen wurde. Pfarrer Schaal war ein befreundeter, von Gott reich beschenkter Mensch. Er gehörte zu den „Stillen im Lande", obwohl er im Altpietistischen Gemeinschaftsverband eine Leitungsaufgabe innehatte. Beten war seine Leidenschaft und Seelsorge sein Charisma. Ich habe ihn erst spät auf der Gnadauer Konferenz kennengelernt. Mit meinem Mann war Pfarrer Schaal in der Gemeinschaftsbewegung schon länger herzlich verbunden.

Bei einem Mittagessen in Siegen trafen wir zusammen. Er begrüßte mich freundlich und hielt für mich einen Platz an seiner Seite frei. „Schön, dass ich Ihnen nun auch begegnen kann. Wie geht es Ihnen?", sprach er mich an.

„Wenn ich ehrlich bin, muss ich mir eingestehen, dass ich im Augenblick durch eine Durststrecke gehe. Aus diesem Grunde bin ich auch hierher zu dieser Konferenz gefahren. Ich muss neu auftanken."

Bei Herrn Pfarrer Schaal gewann ich den Eindruck, dass er gut zuhören kann und seinem Gegenüber ganz zugewandt ist. So berichtete ich ihm von meinen Schwierigkeiten mit den Kindern. „Mir fehlt im Augenblick die Kraft, meine Aufgaben in der Familie recht zu meistern. Meine Söhne und auch meine

Tochter haben ein starkes Durchsetzungsvermögen, und ich ringe darum, wie ich mit ihnen umgehen soll. Sie sind in einem schwierigen Alter und oft fehlt ihnen die Lust am Lernen. Jeden Nachmittag sitze ich mit ihnen zusammen, pauke Lateinvokabeln, lese englische Lektüre, muss mich mit der Vererbungslehre herumschlagen und weiß, dass ich auch mathematische Gleichungen lösen müsste. Leider muss ich in diesem Fach passen. Auf diesem Gebiet bin ich eine totale Niete. Mein Mann ist dienstlich sehr angespannt und oft auch für mehrere Wochen zu Vortragsreisen unterwegs. Manchmal gewinne ich den Eindruck, als würden mir alle Felle davonschwimmen."

„Ja, ja", griff Pfarrer Schaal in mein Reden ein, „ich kann Sie gut verstehen. Erziehung stellt uns Eltern vor schwierige Aufgaben. Sie sollten nie den Mut verlieren."

„Aber mir fehlt es an der inneren Gelassenheit, und dann schreie ich zuweilen meine Kinder an, wenn sie mir auf dem Kopf herumtanzen wollen. Ich kann schrecklich wütend werden. Als Mutter versage ich, und das macht mich traurig."

Pfarrer Schaal nickte. „Ja, so sind wir Menschen. Wir werden oft schuldig, aber Gott ist immer größer als unser Herz, das uns anklagt."

Es folgte ein längeres Gespräch, und der Seelsorger fügte noch hinzu: „Frau Bormuth, ich will jetzt mit Ihnen beten und Ihre Not vor Gott bringen."

Aber gerade in diesem Augenblick kam die Kellnerin und wollte abkassieren. Pfarrer Schaal ließ sich durch nichts abhalten und faltete seine Hände. Ich tat es ihm gleich. Die junge Dame vom Restaurant blieb rücksichtsvoll hinter unseren Stühlen stehen und wartete, bis das Amen gesagt war. Sicher war ihr dies noch nie passiert. Betende Menschen in einem Lokal sieht man selten.

In mir stieg anschließend die Frage auf: Was wird wohl der Pfarrer von dir denken, wenn du so in deiner Familie versagst? Du solltest stark sein und bist so schwach. Du hast ihm deine Blöße gezeigt. Dennoch hatte mir das kurze seelsorgerische Gespräch gutgetan. Ich überwand den Kummer mit meinen Kindern und lernte sie besser verstehen.

Es war nämlich die Zeit, als es in den Schulen mächtig rumorte. Die Kinder wurden von den Ideen der 68er aufgestachelt. Endlich wollten sie ihre angebliche Freiheit wahrnehmen und scheuten sich nicht, sich auch gegen die Eltern aufzulehnen. Die Ordnungen in der Erziehung wurden infrage gestellt, und antiautoritäre Ziele traten an ihren Platz.

Erstaunt war ich, als Pfarrer Schaal mich am nächsten Morgen bat, ich möchte doch als Referentin für die Rüstzeit der Predigerfrauen zusagen. Ich, der Versager, sollte andere lehren? So ist Gott, und ich musste an das Wort denken: „Gott lässt es dem Aufrichtigen gelingen." Ich hatte aus meinem verzagten, schuldig gewordenen Herzen keinen Hehl gemacht.

So fuhr ich über mehrere Jahre zu dem Tagungsort Schwäbisch Gmünd und hielt im Schönblick für die Frauen Vorträge. Dieser Dienst machte mich im Schwabenländle bekannt und ich erhielt viele Einladungen zu Frühstückstreffen, Seniorentagungen und Bibelfreizeiten.

Und eine zweite Begebenheit kommt mir in den Sinn. In Gunzenhausen traf ich mit Herrn Pfarrer Schaal zusammen. Er war dort gerade zur Kur und ich nahm an der Lehrerfreizeit teil. Bei einem kurzen Spaziergang begegneten wir uns im kleinen Wäldchen. Wir wechselten einige Sätze, und als ich mich von ihm verabschieden wollte, sagte er zu mir: „Frau Bormuth, ich habe heute Morgen ein Wort aus dem Matthäusevangelium gelesen. Das will ich Ihnen weitergeben: Jesus Christus spricht: ‚Ich bin bei euch alle Tage bis an der Welt Ende.‘ Dieser Vers soll Sie als eiserne Ration auf Ihrem Lebensweg begleiten."

Vergessen habe ich diesen Zuspruch nicht. Über dreißig Jahre sind darüber ins Land gezogen, aber diese eiserne Ration war mir oft Hilfe und Kraftquelle.

Noch ein drittes Erlebnis steht mir vor Augen. Pfarrer Schaal brachte mich von Schwäbisch Gmünd nach Stuttgart zum Bahnhof. Leider fuhr mein Zug nicht. Ein Herr, der mir die Zugverbindung herausgesucht hatte, hatte vergessen, dass ich an einem Samstag reisen wollte. Nun musste ich den Nachtzug nehmen und stand am späten Abend mit meinem Begleiter auf dem Bahnsteig. Ihm war auch nicht ganz wohl bei dieser Nachtfahrt. „Frau Bormuth, jetzt sage ich

Ihnen noch ein Wort. Unter diesem Schutz sollen Sie Ihre Heimreise antreten. Auf dem Weg der Israeliten durch die Wüste schickte ihnen Gott bei Tag die Wolkensäule und bei Nacht die Feuersäule. Jetzt bete ich noch mit Ihnen. Sie brauchen auch eine Feuersäule und dann reisen Sie ohne Angst heim zu Ihren Lieben. Morgen früh aber rufen Sie mich gleich an, ob Sie auch gut angekommen sind."

Auf dem Bahnsteig herrschte hektisches Treiben, aber Pfarrer Schaal ließ sich durch nichts aus der Ruhe bringen. Er faltete seine Hände und sprach laut ein Gebet. Was mögen die Reisenden um uns herum gedacht haben, die mit ihren schweren Koffern ins Abteil drängten? Noch lange habe ich diesen Vers von der Wolken- und Feuersäule im Herzen bewegt. Ich wusste mich in Gott geborgen. Nach vier Stunden erreichte ich wohlbehalten Marburg und mein Mann schloss mich in seine Arme.

Das ist es, was wir in unserer Zeit heute brauchen: Männer und Frauen, die aus dem Wort Gottes leben, treu beten und anderen eine seelsorgerische Wegbegleitung geben. Pfarrer Schaal war ein wunderbarer Theologe, Beter und Seelsorger. Gott hat ihn in seine Herrlichkeit abberufen, und ich habe einen Grund mehr, mich auf den Himmel zu freuen.

Die Obdachlose

Mein Mann und ich kommen spät am Abend aus der Bibelstunde und wollen in unser Auto steigen. Da bittet uns eine Frau, ob wir sie nicht bis zur „Hohen Leuchte" mitnehmen könnten. Das ist zwar nicht unsere Fahrtroute, aber ich sehe, dass die Fragende zwei schwere Taschen trägt. So sage ich ihr: „Steigen Sie ein, der Umweg ist nicht weit, für das Auto sind ein paar Kilometer kein Problem. Aber was machen Sie mit Ihrem Hund? Passt er noch herein?" Mir wird in diesem Augenblick bewusst, dass wir eigentlich kein so großes Tier ins Auto laden dürfen. Aber die Frau erklärt sogleich: „Ich nehme Baldur auf den Schoß."

Na, ob das wohl möglich ist? Aber schon sind Hund und Frau eingestiegen und wir fahren los in Richtung Ockershausen. Es wird eine unterhaltsame Fahrt. „Kommen Sie hier aus der Kirche?", fragt unsere Begleiterin. Wir bejahen. „Ich will ehrlich zu Ihnen sein, mit Kirche habe ich nichts am Hut. Darüber habe ich schon oft mit anderen Frommen Diskussionen geführt. Jeden Donnerstag treffen sich in der Pfarrkirche mehrere hundert junge Leute, und mit ihnen diskutiere ich gern." – „Sie meinen den Christustreff, ja, er ist uns bekannt. Es ist erstaunlich, wie stark der Zulauf zu den Jugendgottesdiensten ist", füge ich an.

„Da wimmelt es nur so von jungem Volk", steigt

unsere Mitfahrerin in das Gespräch ein, „und die Leute sind auch ganz nett. Mit ihnen kann man gut diskutieren. Hilfsbereit und freigebig sind sie auch. Am Donnerstagabend stehe ich oft vor der Kirchentür und warte, bis ihre Versammlung zu Ende ist. Meine leere, ausgestreckte Hand wird mir wunderbar gefüllt. Aber überzeugen können sie mich von ihrem Glauben trotzdem nicht. Ich mag sie zwar, und doch verstehe ich nicht, wie man einem Mann, den sie Jesus nennen, nachfolgen kann. Elendiglich hat er sich ans Kreuz schlagen lassen. Sie müssen wissen, ich bin Atheistin."

„Ich würde vorschlagen, dass Sie einmal das Neue Testament lesen. Es gibt kein größeres Wunder in der Welt als Christus. In einzigartiger Weise liebt er uns Menschen und war bereit, uns durch den Einsatz seines Lebens mit Gott zu versöhnen. Jeder Mensch ist in seinen Augen wertvoll. So habe ich ihn erlebt. Er hat seine Hand auf meine Schulter gelegt und mir zugesprochen: Ich liebe dich", bezeuge ich ihr.

„Sie mögen so denken", wendet die Frau ein, „aber mir bedeutet der christliche Glaube gar nichts."

Wer mag unsere Mitfahrerin nur sein? Ihren Worten nach zu urteilen, ist sie sehr intelligent. Aber was hat sie nur dazu gebracht, dass sie wie eine Streunerin aussieht? In unserem Auto stinkt es schrecklich, ob von ihr oder vom Tier, ich weiß es nicht. Hoffentlich hinterlässt der Hund keine Spuren in unserem Wagen und pinkelt uns die Sitze voll, denke ich im Stillen.

Am liebsten würde ich die Scheiben herunterdrehen und frische Luft hereinlassen, aber draußen herrschen Minusgrade.

Inzwischen sind wir an unserem Ziel angelangt und die junge Frau bittet uns anzuhalten. Wir schauen nach rechts und links, aber nirgends stehen Häuser. „Wo wohnen Sie denn?", frage ich sie. „Lassen Sie mich hier aussteigen. Dort drüben im freien Feld steht ein Schuppen. Dort nächtige ich."

„Haben Sie denn elektrisches Licht und Wasser in dieser Einöde?"

„Ach, wo denken Sie hin, noch nicht einmal ein Ofen steht in meiner Bude, und jetzt in diesem harten Winter ist es schrecklich kalt. Die Holztür lässt sich auch nicht mehr richtig schließen, und so steht mein Schuppen immer eine Handbreit offen. Bei mir gibt es kein Licht und auch kein Wasser. Ich muss mir immer unten in der Stadt an der Tankstelle das Wasser in drei Flaschen füllen und hierher tragen. Deshalb sind auch meine Taschen so schwer. Der Hund und ich brauchen etwas zum Trinken."

Und auch zum Waschen, denke ich im Stillen.

„Frau Kapuschke" – mit diesem Namen hat sie sich uns vorgestellt – „Sie könnten doch zum Sozialamt gehen oder zum Diakonischen Werk. Sie haben Anspruch auf eine Wohnung, und diese könnte Ihnen vermittelt werden."

„Gerade das will ich nicht", trumpft die Frau auf, „ich bin Anarchistin. Wenn ich zum Amt gehe, dann wollen die Beamten mich in eine Arbeit stecken. Genau das will ich nicht."

Mir geht das Wort der Bibel durch den Kopf: „Wer nicht arbeitet, soll auch nicht essen." Aber trifft diese Aussage auch auf Frau Kapuschke wirklich zu? Ist sie nicht vielmehr seelisch krank? Was muss in einem Menschen vorgehen, der in einem windschiefen, eiskalten Schuppen ohne Ofen, Licht und Wasser haust und doch eine warme Stube haben könnte? Ich überlege, ob ich die Obdachlose nicht mit zu uns nach Hause nehmen sollte. Eine Matratze und ein kuscheliges Deckbett finde ich immer noch in meiner Wohnung. Wenn doch bloß dieses stinkende, dreckige Tier nicht wäre. Zwei meiner Enkel leiden an einer Tierhaarallergie. Nein, beschließe ich, ich kann diese Frau nicht zu uns mitnehmen. Außerdem bin ich mir nicht sicher, ob sie überhaupt mit uns gehen würde. Diese Obdachlose bringt mich in Konflikte. Es macht mir Sorge, dass ich sie trotz all meiner Überlegungen in die Kälte und Dunkelheit hinein entlasse. Ich öffne die Autotür an ihrer Seite und lasse sie aussteigen. Mir ist elend zumute, und mein Gewissen sagt mir: Lotte, du hättest diese Frau in deine Wohnung bitten können. Bei uns ist es warm, hell und sauber. Ja, ich hätte sie auch zu mir nehmen können, aber was mache ich bloß mit diesem riesengroßen Hund?

Diese Frau wird mir zu einem Problem. Sie aber bedankt sich freundlich und fragt noch, ob wir ihr Lebensmittel geben könnten. Dann geht sie in die Dunkelheit und in die Kälte hinaus.

Dieser Abend wird für mich sehr unruhig. Ich liege in meinen weichen Federn und muss ständig an die Obdachlose denken. Ich hätte doch den stinkenden Köter im Gartenhaus unterbringen können. Warum bin ich nur nicht früher auf diese Idee gekommen? Für Frau Kapuschke hätte ich ein Bad richten und ihr frische Wäsche bringen können. Meine Schränke sind voll. Ich muss mir sagen: „Lotte, du bist ein Loser. Du hast Gottes Gebot missachtet." Denn nach dem Wort Jesu hätte ich für sie sorgen müssen und habe es nicht getan. Wie heißt es in Matthäus 25,42? „Was ihr getan habt einem meiner geringsten Brüder, das habt ihr mir getan." Letztlich bin ich an Jesus schuldig geworden. Der Vers von den geringsten Brüdern ist zudem noch mein Konfirmationsspruch. So bleibt mir in dieser Nacht nur die Bitte: „Herr Jesus, vergib mir, ich habe versagt."

In meinem Bett wälze ich mich unruhig hin und her. Mir waren der grauenhafte Gestank des Tieres und die Verwahrlosung der Frau zu widerlich. Und doch schreckt mich der Gedanke, dass unser Fahrgast bei 15 Grad Kälte erfrieren könnte. Ich gerate in Angst. Am nächsten Morgen richte ich einen Essenskorb. Wurst, Marmelade, Fischdosen, Kekse, Schokolade und noch vieles mehr verpacke ich in Geschenkpapier. Außerdem lege ich noch ein Stück Seife und drei dicke Kerzen hinzu. Bei meinen Spruchkarten finde ich ein wunderschönes Lesezeichen und stecke es in einen weißen Umschlag. Mir selbst gefällt diese Aussage sehr gut. Ob diese Wahrheit des Wortes in ihr Innerstes dringt und ihr einen Lichtstrahl von göttlichem Leben bringt? Dort heißt es:

„Du bist einmalig und wunderschön in meinen Augen.
Ich sage zu dir: Geliebtes Kind!
Nichts ist mir zu kostbar für dich.
Ich bin bereit, alles, wirklich alles für dich hinzugeben.
Mich selbst gebe ich hin für dich.
Was ich von dir möchte?
Deine Sorgen, deine Not, deine Unsicherheit, deinen Schmerz und deine Ängste.
Gib sie mir und dazu deine Tränen und deine Verzweiflung.
Und ich gebe dir dafür Anteil an meinem Frieden,
an meiner Liebe, an meiner Kraft, an meiner Geduld,
an meiner Stärke, an meiner Freude, an meinem Königreich.
Keinen Schritt machst du, ohne dass ich bei dir bin.
Geh deinen Lebensweg in der Gewissheit: Du bist nicht allein.
Und in der Gewissheit, dass ich dich nach Hause führe zu deinem himmlischen Vater und zu mir.
Dein Freund Jesus.“

Selbstmord ist keine Lösung

Heute wurde im Fernsehen eine Nachricht ausgestrahlt, die sicher viele Menschen erschüttert hat. In Lünen in Westfalen hat ein Vater seine beiden Kinder tot im Schlafzimmer vorgefunden. Der Junge und das Mädchen, zwölf und sieben Jahre alt, wurden erstickt. Auf dem Tisch fand die Kripo den Abschiedsbrief der Mutter. Nun wurde mit vielen Polizisten und einer Hundestaffel nach ihr gefahndet. Einige Tage später fanden Spaziergänger ihre Leiche. Sie muss 25 Meter hoch auf einen Elektromast geklettert sein und sich dann in die Tiefe gestürzt haben.

Nachbarn hatten an diesem schrecklichen Tag, als der Vater seine Kinder besuchen wollte, seinen lauten Aufschrei gehört und hatten die Polizei alarmiert. Die Eltern lebten seit über einem Jahr getrennt voneinander, aber der Vater kümmerte sich weiterhin um seine beiden Lieblinge. Fassungslos stand er nun vor den beiden Leichen. Er war verzweifelt. Warum die Mutter diese grauenhafte Tat begangen hat, wird wohl nie endgültig aufzuklären sein. Wahrscheinlich steckte die 39-Jährige in einer tiefen Depression. Aus dem Brief geht hervor, dass sie verzweifelt war.

Die Menschen in dem Ort waren bestürzt und fragten sich: Wie konnte das nur passieren? Blumen und Kerzen wurden vor dem schmucken Eigenheim abgelegt und Klassenkameraden des Siebenjährigen brachten Stofftierchen. Sie konnten es nicht begreifen, dass ihr Freund tot war.

Eine solche Tat ist auch nicht zu verstehen. Und doch fragte ich mich: War denn niemand in der Nähe dieser Lebensmüden, der ihr Hilfe und Trost hätte zusprechen können? Hatte keiner gemerkt, welche Bedrohung sie für ihre Kinder war? Hätte ein Pfarrer, ein Freund oder eine liebevolle Verwandte ihr nicht in der Not beistehen können? Aber dann wurde mir auch bewusst, dass Selbstmordgefährdete sich plötzlich anders verhalten, wenn sie entschlossen sind, sich das Leben zu nehmen. Sie wirken so, als ginge es ihnen gut. Keiner sieht die Gefahr, in der sie selbst stehen und in die sie andere mitreißen können. Wenn sie erst einmal zu ihrem Tun entschlossen sind und Vorbereitungen zu ihrer Tat getroffen haben, ist es fast unmöglich, ihre Depression zu erkennen.

Ich selbst war 25 Jahre ehrenamtlich in der Telefonseelsorge tätig und habe solche Erfahrungen mit Menschen gemacht. Dabei muss ich zugeben, dass jeder Fall anders gelagert ist. Ich will ein Beispiel anführen und gleich zu Beginn sagen, dass die Namen und einige kleinere Begebenheiten stark verändert sind, damit die Anonymität der Menschen gewahrt bleibt.

Es war eine schrecklich stürmische Nacht. Der Wind heulte durch die Gassen und ein starker Regenguss peitschte an die Fensterscheiben. So gegen zwei Uhr klingelte das Telefon. „Hier ist Virginia. Haben Sie

Zeit für mich? Ich würde mich gerne mit Ihnen unterhalten. Übrigens, Ihre Stimme klingt noch so jugendlich und warmherzig. Ich kenne Sie, denn ich hatte früher schon mal bei Ihnen angerufen." Diese Worte taten mir wohl, aber ich ahnte nicht, welch eine Dramatik mir in dieser Nacht noch begegnen würde.

„Ich bin so enttäuscht von Ronny", fuhr sie fort. „Fünf Jahre sind wir nun schon verheiratet, und ich hätte nie geahnt, dass wir so aneinander vorbeileben könnten. Vor zwei Jahren sind wir vom Schwabenland nach Marburg gezogen. Mein Mann ist Arzt und hat hier in der Uniklinik eine neue Stelle bekommen. Im Augenblick nimmt er an einem Ärztekongress in Berlin teil und ich bin mit meinen beiden Kindern allein zu Hause. Erst wollte ich ihn dorthin begleiten, aber dann bekam unser Timo Fieber und ich zog es vor, mit dem Dreijährigen zu Hause zu bleiben. Ein Telefonat heute Abend hat mich in Rage versetzt: ‚Kann ich Ronny sprechen?', fragte eine Frauenstimme mit etwas schrillem Unterton. ‚Ist Ronny nicht zu Hause, und wer sind Sie?'

‚Ich bin seine Ehefrau', erklärte ich nicht gerade freundlich. Prompt legte die Unbekannte auf. Ich ahnte nichts Gutes. Frauen haben ein Gespür, wenn sie von ihren Männern betrogen werden. Natürlich habe ich sofort meinen Ronny im Hotel angerufen, und er hat offen zugegeben, dass er mit Jeanett befreundet sei. Aber das sei nichts Ernstes, nur ein kurzer Flirt. Vielleicht bringe eine solche Affäre neuen Schwung in unsere Beziehung. Seit Timos Geburt würde ich sowieso kränkeln. Ich solle diese Angelegenheit nicht so tragisch nehmen, es sei nichts Ernstes.

Ich bin empört. Wie kann mir mein Mann das nur antun und sich mit einem Flittchen vergnügen? Von Herzen bin ich ihm treu, und er tänzelt mit einer Fremden durch seine Tage.

Mehrmals am Abend habe ich noch mit Ronny gesprochen. Schließlich sagte er zu mir: ‚Nimm es nicht so ernst! Ein bisschen Spaß kannst du mir doch gönnen. Ich bin ein Mann und kann meine Gefühle nicht so lange auf Eis legen. Seit Timos Geburt lässt du mich nicht mehr an dich ran. Gönn mir doch einmal eine Freude.‘ ‚Das nennst du Spaß‘, falle ich ihm ins Wort, ‚wenn du mich mit einer anderen betrügst? Mir reicht es‘, und dann lege ich den Hörer auf. Nun sitze ich in meinen vier Wänden, bin wütend und heule vor mich hin. So mag ich nicht mehr leben. Einen Denkzettel will ich ihm verpassen, einen gehörigen. Vor dem Traualtar hat mir Ronny versprochen, mich zu lieben und zu mir zu stehen, bis dass der Tod uns scheidet, und nun turtelt er mit einer anderen herum. Ich bin fertig, total fertig und habe beschlossen, aus diesem verfluchten Leben auszusteigen. Wir haben zu Hause genug Medikamente, die es mir ermöglichen, mich ins Jenseits zu befördern. Schließlich bin ich auch Ärztin und habe bis zur Geburt meiner Kinder in der Hals-Nasen-Ohren-Klinik gearbeitet. Jetzt ist mir alles egal. Dieses Scheißleben kann ich nicht länger ertragen.“

„Bitte", greife ich in das Gespräch ein, „tun Sie das nicht! Selbstmord ist keine Lösung für Probleme. Schon um Ihrer beiden Kinder willen dürfen Sie das nicht tun. Bitte, sagen Sie mir, wo Sie wohnen. Ich komme zu Ihnen, und dann können wir miteinander in Ruhe reden."

„Ich will aber nicht länger reden. Sterben will ich, haben Sie das nicht verstanden?"

Dieses Gespräch fordert meine ganze Kraft heraus. Ich vereinbare mit dieser jungen Ärztin, dass sie mich jede Stunde anruft. Sie willigt ein. In dieser Nacht stelle ich mich ganz auf die junge Mutter ein. Alle anderen Gespräche, die bei mir ankommen, führe ich zu einem schnellen Ende, um die Leitung frei zu haben. Es ist erstaunlich, dass sich die Lebensmüde auf meinen Vorschlag einlässt. In der Zwischenzeit versuche ich herauszufinden, wer sie ist; denn im Verlauf des Gesprächs hat sie mich ein wenig in ihr Leben hineinschauen lassen. So weiß ich, dass ihr Mann in der vergangenen Woche Nachtdienst hatte, die Familie aus der Umgebung von Stuttgart kommt und sie zwei Kinder haben. Den Namen ihres Mannes allerdings gibt sie nicht preis. Jede Klinik in Marburg rufe ich in dieser Nacht an. Aber ich komme keinen Schritt weiter. Ich erfahre nur: „In unserem Haus haben wir keinen Schwaben als Arzt." Oder: „In letzter Zeit wurde bei uns kein neuer Mitarbeiter eingestellt." Alle meine Bemühungen laufen ins Leere. Auf der einen Seite bin ich froh, als meine Schicht um acht Uhr zu

Ende geht. Andererseits begleitet mich ein mulmiges Gefühl auf dem Weg nach Hause. Der Gedanke an diese Mutter lässt mich nicht los. Ich muss herausfinden, wer die junge Frau ist. Ihr Leben und das Leben ihrer beiden Kinder sind in Gefahr. Dann kommt mir ein guter Gedanke. Ich rufe die Stelle an, die für die Vergabe der Gelder bei Kongressen verantwortlich ist. Der Vorgesetzte dieser Behörde will mir keine Auskunft erteilen. Er verweist auf den Datenschutz. „Ja, ich verstehe Sie", erkläre ich ihm. „Aber hier geht es um das Leben von drei Menschen. Ihre Rettung will ich erreichen, sonst mache ich keinen Gebrauch von Ihren Angaben." Dann endlich nennt er mir den Namen: Dr. Schmidt. Dieser Arzt aber ist kein Humanmediziner, sondern Zahnarzt. Auch seine Adresse erfahre ich. Nun verfüge ich über die Auskunft, die ich so dringend brauche, und bin doch nicht von meiner Angst befreit. Mein Mann bringt mich mit dem Auto dorthin. Er bleibt an der Gartenpforte stehen und ich klingele. An der Haustür erscheint eine junge Frau mit einem Baby auf dem Arm. An ihrer Seite klammert sich ein etwa Dreijähriger an ihren Morgenmantel.

„Ich bin Frau Bormuth von der Telefonseelsorge. Wir haben heute Nacht miteinander gesprochen, und ich bin gekommen, um Ihnen beizustehen."

„Das gibt es nicht, nein, das gibt es wirklich nicht! Ich habe mich so zusammengenommen, um mich nicht zu verplappern. Und nun stehen Sie vor meiner Tür. Wer hat Ihnen meine Adresse gegeben?"

„Das tut jetzt nichts zur Sache. Ich werde Sie mit zu mir nehmen. Ziehen Sie sich an und geben Sie mir die Kleidung für die Kinder. Ich helfe Ihnen, die beiden fertig zu machen."

Noch immer ist Frau Dr. Schmidt ganz verwirrt. Aber sie packt ein paar Sachen zusammen und wir steigen in unser Auto. Zwei Tage bleibt sie mit den Kindern bei uns und wir führen manch wichtiges Gespräch. Meiner Meinung nach müsste ihr Mann sich dringend um seine Frau kümmern. Aus diesem Grund rufe ich das Hotel in Berlin an. „Kommen Sie doch nach Hause, Herr Doktor, Ihre Frau braucht Sie."

Seine Antwort ist enttäuschend. „Ich habe schon genug für meine Frau getan. Jetzt muss sie selbst sehen, wie sie mit dem Leben fertig wird. Übrigens ist mir meine Frau egal. Ich steige aus dieser Beziehung aus. Dazu bin ich fest entschlossen. Ich bin mit einem anderen Menschen glücklich." – „Und was soll aus den Kindern werden?", werfe ich ein. Auf diese Frage erhalte ich keine Antwort. Aus seinen Worten entnehme ich, wie sehr diese Ehe zerrüttet ist. Von dem Ehemann ist kein Beistand zu erwarten. Ich kann nur Gott bitten, mir Weisheit zu schenken, damit ich recht handle. So überlege ich, was denn jetzt zu tun sei. Frau Dr. Schmidt braucht dringend einen stationären Aufenthalt. Nach der Geburt ihres zweiten Kindes leidet sie wahrscheinlich an einer Wochenbettdepression, vermute ich. Mit Gesprächen allein ist ihr nicht zu helfen. Sie braucht dringend eine professionelle

Behandlung. Ich schlage ihr den Weg in die Klinik vor und bin bereit, für die Unterbringung ihrer Kinder in dieser Zeit zu sorgen. Aber auf meinen Ratschlag geht die Lebensmüde gar nicht ein. „Für mich und meine beiden Schätzchen gibt es keinen Raum mehr in dieser verfluchten Welt. Wer einen Ehebrecher als Mann und Vater hat, dem bleibt ja nur der Tod." Ich muss jetzt zügig handeln. So rufe ich den Chefarzt der Nervenklinik an, ob er eine Kollegenfrau aufnehmen könne. Er sagt mir zu, dass er ein Bett für sie freihalte.

So bringe ich zunächst Frau Dr. Schmidt mit ihren Kleinen in ihre Wohnung zurück. Aber vorher rufe ich unseren Hausarzt an und bitte ihn, sich um die Verzweifelte zu kümmern und sie dringlichst in die Klinik einzuweisen. Von meinem Plan verrate ich Frau Dr. Schmidt nichts. Schon eine Viertelstunde später stehe ich mit dem Hausarzt vor ihrer Tür.

Als ich den Arzt als Dr. Meyer vorstelle, den ich darum gebeten habe, ihr einen Hausbesuch abzustatten, ist Frau Schmidt darüber äußerst entrüstet. Aber sie öffnet dem Doktor ihre Tür. Ich nehme mich der beiden Kleinen an und verschwinde mit ihnen im Kinderzimmer. Der Arzt führt ein längeres Gespräch mit der Patientin. „Frau Kollegin, Sie stecken in einer schweren Psychose. Ich kann Sie nicht allein in der Wohnung lassen. Entweder gehen Sie freiwillig mit Frau Bormuth in die Klinik oder ich muss Sie zwangsweise einweisen lassen. Eine andere Möglichkeit sehe ich im Augenblick nicht für Sie." Frau Dr. Schmidt schweigt lange, schimpft dann schrecklich los, möchte mich am liebsten in die Wüste verbannen, ist dann aber doch dazu bereit, dass ich sie in die Nervenklinik bringe. „Das fehlt mir gerade noch, dass hier Polizei mit Blaulicht aufkreuzt und alle Nachbarn aus den Fenstern gucken. Ich dachte, die Telefonseelsorge wolle mir helfen, aber nun sorgt sie dafür, dass ich in die Klappsmühle komme. Frau Bormuth, Sie haben mich verraten. Ich bin jetzt sehr enttäuscht von Ihnen."

„Frau Dr. Schmidt, Ihnen wird doch dort geholfen. Ich habe schon mit dem Chefarzt gesprochen. Das Baby dürfen Sie mitbringen."

Dann telefoniere ich noch mit der Tagesmutter, die schon früher den Zweijährigen betreut hat, und sie ist bereit, ihn aufzunehmen.

Ich liefere Frau Dr. Schmidt in der Klinik ab. Im Patientenzimmer steht schon ein Kinderbettchen bereit.

Ich kann nicht erwarten, dass Frau Dr. Schmidt mir gegenüber freundlich ist. Aber hätte ich anders handeln können? Bei späteren Anrufen weist sie mich schroff ab. So kann ich auch ihren weiteren Lebensweg nicht verfolgen. Ich rechne ihr abweisendes Verhalten ihrem krankhaften Zustand zu, weiß aber meine Anruferin in guten, professionellen Händen. Ihr kann nun ärztlich geholfen werden. Mir aber bleibt das Gebet, und noch lange nenne ich in meinem Abendgebet die drei Namen.

Soldaten unter dem Kreuz

Unter dem Kreuz Jesu treffen viele verschiedene Menschen zusammen. Auch Soldaten sind darunter. So grausam das Geschehen auch ist, es gehört doch zu ihrem militärischen Alltag. Immer wieder konnte ein Trupp abkommandiert werden, um einen Verbrecher an den Platz zu führen, wo die Kreuze schon errichtet waren. Für altgedientes Militär, das in Jerusalem stationiert war, gehörte eine Kreuzigung schon zum Geschäft. Mitleid und Anteilnahme durften hier keinen Platz mehr finden; denn der Gekreuzigte hatte ja sein grausames Schicksal selbst verschuldet. In Johannes 19,23 und 24 lesen wir dazu: „Als aber die Soldaten Jesus gekreuzigt hatten, nahmen sie seine Kleider und machten vier Teile, für jeden Soldaten einen Teil, dazu auch das Gewand. Das war aber ungenäht, von oben an gewebt an einem Stück. Da sprachen sie untereinander: Lasst uns das nicht zerteilen, sondern darum losen, wem es gehören soll. So sollte die Schrift erfüllt werden, die sagt (Psalm 22,19): ‚Sie haben meine Kleider unter sich geteilt und haben über mein Gewand das Los geworfen.‘ Das taten die Soldaten."

In dieser nüchternen Darstellung des Geschehens werden die Soldaten weder gelobt noch getadelt. Sie erfüllen einfach ihren Job. Was sich im Einzelnen in ihrem Inneren vollzogen hat, wird uns nicht berichtet.

Konnte sie der Ausruf Jesu wirklich unberührt lassen, als der Gottessohn über die gaffende Menschenmenge hinwegsah und voller Schmerz ausrief: „Vater, vergib ihnen, denn sie wissen nicht, was sie tun"?

Mit dem Todesruf des Gekreuzigten „Es ist vollbracht!" schien diese Hinrichtung auch vollzogen zu sein. Mag vielleicht noch einer dieser rauen Männer zum andern gesagt haben: „Na, jetzt hat dieser Elende endlich seine Ruhe gefunden."

Keiner dieser Zuschauer konnte ahnen, was diese Worte in Wahrheit bedeuteten. Denn nun hatte Christus sein Werk der Erlösung zum Ziel geführt. Die Schuld aller Menschen war durch seinen Tod gesühnt, die Mächte des Verderbens waren besiegt. Nun konnten Menschen im Glauben dieses Wunder fassen und als Befreite tief durchatmen. Würde diese Botschaft auch bei den Soldaten einen Eindruck hinterlassen? Von denen, die unmittelbar am Kreuzigungsgeschehen beteiligt waren, erfahren wir nichts mehr; aber von anderen Menschen sind uns Zeugnisse überliefert.

Bei Ausgrabungen in Rom fanden die Arbeiter an der Wand einer ehemaligen römischen Kaserne eine seltsame Zeichnung. Sie stellt eine Gestalt am Kreuz mit einem Eselskopf dar. Unter dem Kreuz kniet ein Mensch. Daneben sind folgende Worte zu lesen. „Anaximenes betet seinen Gott an." Vermutlich stammt diese Wandzeichnung aus dem ersten oder zweiten Jahrhundert. Römische Soldaten verspotten einen ihrer Kameraden, der den Mut hat, seinen Christusglauben öffentlich zu bezeugen. Wie oft wird er für seine Mitsoldaten wohl gebetet haben?

In Gedanken gehe ich zwei Jahrhunderte weiter. Es ist die Zeit der Völkerwanderung. Germanische Stämme bewegen sich aus dem nordgermanischen Raum und ziehen über das heutige Gebiet von Polen und Russland bis zum Balkan, wo sie an die Grenze des römischen Reiches stoßen. Auch sie werden nach und nach vom Evangelium erreicht, was sich oft auf unerwartete Weise ereignete. So wird von einem Stamm der Goten berichtet, dass sie mit Kampftrupps Vorstöße ins Römerreich unternahmen. Unter den Römischen Soldaten, die sie als Gefangene in ihr Gebiet brachten, waren junge Männer, die an Jesus Christus glaubten. Sie machten den Siegern gegenüber keinen Hehl aus ihrem Glauben und bezeugten Jesus als Retter und Herrn. So hatten die Goten erste Berührungen mit dem Evangelium, das sich nach und nach stark ausbreitete. Einer der bedeutendsten Männer unter ihnen war der spätere Bischof Wulfila. Er schaffte ein Wunderwerk, indem er die Bibel ins Gotische übersetzte. Im Gottesdienst war nun nicht mehr ein Übersetzer nötig, sondern die Christen konnten unmittelbar das Evangelium in ihrer eigenen Sprache hören.

Auch aus der Neuzeit sind uns Beispiele bekannt, wie Soldaten Jesus nachfolgten und ihn öffentlich bezeugten. Einer von ihnen, ein Mann von hohem Rang, war General Hans Joachim von Ziethen. Er gehörte wie viele Adlige in jener Zeit zur lebendigen christlichen Gemeinde. Sein oberster Dienstherr war König Friedrich II. von Preußen. Besser ist er uns als der „Alte Fritz" bekannt. Dieser Herrscher war ein Anhänger der Aufklärung. Er wollte nur das glauben, was er mit seinem Verstand begründen konnte. Deshalb sah er gelegentlich verächtlich auf die Menschen herab, die die Botschaft der Bibel in einfältigem Glauben vertraten. So geschah es, dass General von Ziethen nach dem Besuch einer Abendmahlsfeier beim König erschien. Spöttisch bemerkte der „Alte Fritz": „Nun, Ziethen, hat Er den Leib seines Herrn auch gut verdaut?" Ziethen nahm Haltung an, trat mutig vor seinen König und sagte: „Majestät wissen, dass ich Ihr alle Zeit tapfer und treu gedient habe und auch weiterhin dienen werde. Aber meinen Herrn Jesus Christus lasse ich mir nicht nehmen." Der König war beeindruckt und schwieg.

Aus dem zwanzigsten Jahrhundert ist uns auch ein Beispiel bekannt geworden. Das Diakonissenmutterhaus Lachen in Neustadt an der Weinstraße übernahm eine ehemalige französische Kaserne und richtete sie zu einem christlichen Konferenzzentrum um. Bei den Renovierungsarbeiten entdeckten Handwerker an einer Wand folgende Inschrift: „Jesus est roi!" (Jesus ist König). Ein französischer Soldat hatte auch hier den Mut, sich gegenüber seinen Kameraden zu Jesus zu bekennen. Wie mögen sie dies aufgenommen haben? Ein solcher Satz ist in einer Kaserne ungewöhnlich.

Im abschließenden Beispiel will ich von einem Menschen erzählen, der ebenfalls dem Gekreuzigten begegnete. Es ist Dostojewski, der bedeutendste russische Schriftsteller. Er war spielsüchtig. Oft versetzte er sein ganzes Geld in einem Kasino. Als er wieder einmal den letzten Heller eingebüßt hatte, kam er in den Morgenstunden deprimiert nach Hause, warf sich vor seiner Frau auf die Knie, weinte viele Tränen und bekannte ihr: „Mein Täubchen, mein Liebchen, kannst du mir noch einmal verzeihen? Ich habe alles verloren. Sogar die wunderschönen Ohrringe, die ich dir einmal geschenkt habe, musste ich im Pfandhaus versetzen. Verzeih mir! Verzeih mir!" Aber schon bei nächster Gelegenheit konnte er an keinem Kasino vorübergehen. Es ist erstaunlich, wie treu die Ehefrau an ihrem Mann festhielt, obwohl sie oft ohne einen Pfennig dastand und Bettelbriefe an ihre Verwandten und reichen Freunde schicken musste. Doch dann kam es bei Dostojewski zu einer Wende. Bei einem Aufenthalt in Italien besuchte er eine Gemäldeausstellung. In einem Saal hing ein wandgroßes Bild, das Christus am Kreuz zeigte. Lange, sehr lange verharrte er schweigend in diesem Raum und betrachtete das Gemälde. Der Dichter wurde von der Kreuzigungsszene im Innersten berührt. Das bewirkte die Befreiung von seiner Spielsucht. Als er nach Stunden das Museum verließ, war er ein anderer Mensch. Er hatte eine Heilung erfahren. Von da an hat er nie wieder einen Fuß in eine Spielbank gesetzt. Der Gekreuzigte war ihm begegnet.

Fast in einem Schuppen erfroren

„Kommen Sie schnell, Herrn Baum geht es schlecht. Er ist zusammengebrochen." So werde ich durch einen Telefonanruf benachrichtigt. Bevor ich mich auf den Weg zu unserem Mitbewohner mache, wähle ich schnell die Nummer 112 und bitte dringend darum, einen Notarzt in den Sperberweg 8 zu schicken. Dann eile ich an das Bett des Kranken. „Herr Jesus, lass Herrn Baum nicht sterben. Bitte, hilf ihm und befreie ihn von den wahnsinnigen Schmerzen." So schicke ich ein Stoßgebet zum Himmel. Unser Mieter stöhnt laut, ja er schreit seinen Schmerz heraus, denn er leidet unter heftigen Krampfanfällen. Ich halte seine Hand und versuche beruhigend auf ihn einzuwirken. „Gleich kommt der Arzt. Er wird Ihnen helfen. Es wird alles wieder gut", spreche ich ihm Mut zu. Als seine Schreie das Haus durchdringen, geht es mir durch Mark und Bein und ich rufe laut: „Herr Jesus, erbarm dich doch über diesen Leidenden!" Die Zeit, bis der Notarzt kommt, will mir lang werden. Aber dann höre ich nach etwa sieben Minuten das Martinshorn des Krankenwagens. Mein Mann empfängt den Arzt an der Haütür und führt ihn zu Herrn Baum. Ich atme tief durch, denn die Angst, dass unser Mitbewohner unter meinen Händen sterben könnte, hat mir schier den Atem genommen. Inzwischen sind auch noch zwei Sanitäter herbeigeeilt, und mit vereinten Kräften versuchen sie, den Kranken zu stabilisieren. Erst nach 40 Minuten gelingt dies und Herr Baum wird in die Klinik abtransportiert. Später erfahre ich, dass der Patient unter schlimmen Nierenkoliken und Blasenschmerzen gelitten hat. Nun aber weiß ich, dass er im Krankenhaus bestens versorgt wird. Er wird überleben. Das wird mir noch mitgeteilt.

Ich lernte Herrn Baum an einem bitterkalten Morgen kennen. Minus 16 Grad zeigte das Thermometer an. Der Bürgermeister eines Nachbarortes rief bei mir an: „Frau Bormuth, mir wurde gesagt, dass Sie sich um hilfsbedürftige Menschen kümmern. In unserem Ort lebt ein Obdachloser in einem windschiefen Schuppen. Ich habe Angst, dass er bei dieser sibirischen Kälte erfrieren könnte. Darf ich den Mann zu Ihnen bringen? In einer halben Stunde könnte ich bei Ihnen sein."

Ich überlege kurz. Hier kann ich nicht Nein sagen. „Herr Bürgermeister, ich werde Ihrem Obdachlosen ein Zimmer richten. Sie können kommen."

Der Gedanke, dass dieser Bruder der Landstraße in dem überaus langen und kalten Winter erfrieren könnte, lässt mir keine andere Wahl. Schnell beziehe ich das Bett, stelle die Heizung an, lege Seife und frische Handtücher bereit und warte auf unseren Gast. Kurz darauf betritt Herr Baum unser Haus. Auf dem Rücken trägt er einen blauen Rucksack, auf den er seinen Schlafsack geschnallt hat. Das ist seine ganze Habe.

Ich merke Herrn Baum sofort an, wie sehr er bei dieser mörderischen Kälte gelitten haben muss. Auf ein heißes Bad freut er sich besonders. Danach lade ich ihn zu einer Tasse Kaffee ein. Dann aber will er nur noch in sein warmes Zimmer. Schlafen will er und seine müden, fast erfrorenen Glieder ausruhen. Eigentlich sollte der Obdachlose nur über die kalte Jahreszeit bei uns wohnen, aber er erkennt, wie wunderbar es doch ist, seine eigenen vier warmen Wände zu haben. Nie mehr ist einer unserer Gäste in diesem Besuchszimmer gelandet. Inzwischen wohnt Herr Baum schon 14 Jahre bei uns. Er wollte nicht mehr auf die Walz gehen. Die Eingliederung in ein einfaches, bürgerliches Leben ist ihm nicht ganz leicht gefallen. Aber wir haben ihm dabei geholfen. Ich bin besonders meinen Söhnen dankbar, dass sie sich seiner angenommen haben. Inzwischen hat er auch einen Betreuer, der seine finanziellen Dinge für ihn regelt. Das Sozialamt bezahlt ihm seinen Unterhalt und die Miete. Herr Baum ist ein stiller, schweigsamer Mensch. Manchmal würde ich mir von ihm ein Dankeschön wünschen, wenn ich ihm seine Wäsche wasche oder mein Mann für ihn einkauft. Aber solche Worte kommen ihm wahrscheinlich nicht so schnell über die Lippen. In seiner Kindheit wird er dies nicht gelernt haben. Und doch habe ich mich nach seiner Rückkehr aus dem Krankenhaus sehr gefreut. Als er entlassen werden sollte, überfiel ihn eine schreckliche Angst. Er dachte, er müsste nun in ein Altenheim umziehen.

„Ich will nur zu Bormuths", hat er gejammert, „in mein Zimmer will ich zurück." So hat es mir sein Betreuer erzählt. Er hätte zunächst auch in einem Altenheim untergebracht werden sollen, aber auf sein heftiges Begehren, in seiner alten Wohnung zu bleiben, wurde die Verlegung abgesagt.

Es gibt Menschen, denen ein Dankeschön nicht über die Lippen kommt. Aber dieser Satz: „Ich will nur zu Bormuths" hat mir wohlgetan. Er bedeutete mir mehr als viele Worte des Lobes. Nicht dass ich auf Dankbarkeit angewiesen wäre, aber es macht mich doch glücklich, wenn mein Einsatz für einen Bedürftigen wahrgenommen wird.

Neulich fragte mich eine Bekannte: „Wohnt jetzt bei Ihnen ein Professor?" Ich musste erst überlegen, wen sie wohl meinte. Aber dann war mir klar, von wem sie sprach. Eine Nachbarin hatte mir die Kleider ihres verstorbenen Mannes überlassen. Zum Teil waren sie kaum getragen: Hemden, Hosen, Anzüge, Unterwäsche und Hüte. Einige Seidenschlipse waren auch dabei. Seitdem ist Herr Baum der bestangezogene Mann in unserer Straße, und er scheint es zu genießen, wenn er immer freundlich gegrüßt wird. Mich freut dies natürlich auch.

Leser schreiben ...

Wie sehr freut es mich, wenn Briefe auf meinen Schreibtisch flattern, die mich ermutigen, weiterzuschreiben. Wenn ich Bücher verfasse, geschieht dies in stiller Abgeschiedenheit. Ich bin ganz allein in meinen vier Wänden und weiß auch nicht, ob denn mein „Geschreibsel" von Nutzen ist. Kommt dann ein Buch in die Läden, so frage ich mich: Hat sich meine Arbeit denn gelohnt?

So erreichte mich im frostigen Monat Februar ein ermutigender Brief mit einer schönen Karte darin. Der Verfasser dieser Nachricht grüßte mich mit Versen aus Johannes 6,68-69: „Herr, wohin sollen wir gehen? Du hast Worte des ewigen Lebens; und wir haben geglaubt und erkannt: Du bist der Heilige Gottes." Das war ein kräftiger Zuspruch. Eine wunderschöne Apfelblüte erfreute mein Gemüt. Daneben war ein Gedicht abgedruckt, das der Verfasser des Briefes selbst verfasst hat:

> Gottes Liebe, die bis heute
> alle Macht des Todes sprengt,
> stehet ewig dem zur Seite,
> der sein Herz dem Heiland schenkt.

Heilung, Herr, soll jeder finden,
der durch deines Blutes Preis
losgekauft sich seiner Sünden
von der Macht des Todes weiß!

Somit ziehn wir des Gerichtes
frei, da uns die Gnade traf,
zu der Stätte, die des Lichtes,
Herr, des Lammes nur bedarf.

Losgelöst ob allem Leiden,
jeder Qual der Seele fern.
Ewig wird uns Christus weiden
dort im Reiche unsres Herrn.

Weithin soll auf Erden allen
Christus, dir zu Dank und Ruhm,
Gottes Botschaft froh erschallen:
Glaubt dem Evangelium.
(Alfred Hofmann)

Ja, diese Strophen waren eine starke Zusage, sich an Gott auszuliefern und bei ihm, dem himmlischen Vater, Trost und Hilfe zu erfahren. Wie viel Liebe und Mühe steckte hinter dieser selbst geschaffenen Karte. Sie erreichte mich gerade in einer Situation, da ich den göttlichen Zuspruch besonders brauchte. Die Tage waren kalt, hässlich und trübe und wollten mein Gemüt verdunkeln. Hinzu kamen Ärgernisse mit Menschen aus meiner Umgebung, die mich niederdrücken wollten. So war der Herr aus Leopoldshöhe ein rechter Tröster und holte mich aus meinen schwermütigen Gedanken heraus. In dem Brief, der der Karte beigelegt war, wurde mir kurz der schwere Weg dieser Eheleute aufgezeigt. Beide wurden in der leidvollen Zeit, die die Frau zu durchstehen hatte, von Gottes Macht getragen. Aber es folgten auch massive Anfechtungen für die Krebskranke. Drei Wochen vor ihrem Heimgang wollte ihr der Teufel die Freude an Jesus rauben und ihren Glauben zunichte machen. Zweifel stiegen in ihr auf: Soll ich wirklich so jung schon sterben müssen? Kann Gott nicht ein Machtwort sprechen und mich heilen?

Zur Zeit Jesu, so berichten uns die Evangelien, wurden viele Todkranke wieder gesund. Bei einer Frau reichte die Berührung seines Kleides, um Befreiung von jahrelangem quälenden Leid zu erfahren. Zwölf Jahre hatte sie gelitten. Alles, was sie zum Leben brauchte, hatte sie für die Ärzte verwendet. Aber keiner konnte sie heilen. Und nun hatte sie von Jesus gehört und war zu ihm geeilt. Weil sie vor der Menge der Menschen nicht nahe an ihn herankam, streckte sie ihre Hand aus und berührte den Saum seines Gewandes. Sofort hörten die Wunden auf zu bluten.

Könnte Jesus nicht auch sie von ihren Tumoren heilen? Wie lange hatten sie und ihr Mann für das Eingreifen Gottes gebetet. Warum hatte er ihr Rufen und Schreien nicht erhört? Sollte sie jetzt wirklich nach nur neun Jahren Ehe sterben müssen, von der Seite ihres Liebsten gerissen und in ein kaltes, tiefes Grab gelegt werden? So hatte sie sich ihr Dasein nicht vorgestellt.

Keiner von uns kann diese notvollen Erfahrungen nachempfinden, solange wir gesund und munter unserem Tagewerk nachgehen können. Wer einem Angefochtenen begegnet, darf nie vom hohen Ross herab sagen: „Du bist doch Christ! Du darfst doch Gott keine Vorwürfe machen! Nimm Gottes Führung an und beuge dich in Demut unter seine allmächtige Hand." In solcher Situation ist es ratsamer, wie Hiobs Freunde die Hand auf den Mund zu legen, zu schweigen und still die Not des anderen mitzutragen. Und hat nicht Jesus selbst am Kreuz geschrien: „Mein Gott, mein Gott, warum hast du mich verlassen?" So heißt es in dem Brief weiter: „Solch schwere Anfechtungen drangen drei Tage lang mit einer Kraft, die ich der Schwäche meiner Frau nicht zugetraut hätte, an mein Ohr. Meine Frau war verzweifelt. Ich stand an ihrem Sterbebett und fühlte mich so hilflos. In meiner Not rief ich den Pfarrer und einige Älteste aus der Gemeinde, und wir beteten zu unserem Herrn Christus. Der böse Feind, der meiner Frau so stark zugesetzt hatte, ließ von ihr ab, sodass sie wieder selbst beten konnte. Etwa zwei Wochen vor ihrem Heimgang rief sie mich eines Nachts an ihr Pflegebett: ‚Alfred, komm doch mal zu mir. Ich weiß nicht, ob ich nicht noch ins Koma falle. Deshalb will ich mich jetzt von dir verabschieden und dir für alles danken, was du Gutes für mich getan hast.' Ich musste ihr erwidern: ‚Ja, Gerda, aber manches war nicht gut von mir.'

‚Aber der Herr Jesus hat uns alle Verfehlungen vergeben.' Das bestätigte ich ihr auch. Darauf nahm sie ihre von Krebs abgemagerten Hände und legte sie mir auf meinen Kopf und sagte: ‚Der Herr segne dich und behüte dich; der Herr lasse sein Angesicht leuchten über dir und sei dir gnädig; der Herr hebe sein Angesicht über dich und gebe dir Frieden.' Auch ich konnte ihr die Hände auflegen und ihr die Worte aus 4. Mose 6,24-26 zusprechen. So ist sie dann zwei Wochen später in die Herrlichkeit zu Christus gerufen worden.

Ihnen, liebe Frau Bormuth, möchte ich ganz herzliche Segenswünsche aussprechen. Sie haben mit Ihren Geschichten unwissentlich mir und meiner lieben Gerda Zurüstung und Ermutigung auf dem Weg mit dem Herrn Jesus vermittelt. Ihnen erbitte ich weiterhin vom Herrn Weisheit und Gelingen. Er kann Ihnen diese Gaben erhalten. Ihre Bücher haben uns besonders gestärkt.

Noch viele Menschen, die Ihre Bücher lesen, sollen sich zu Christus rufen lassen. Denen, die bereits Kinder Gottes und Nachfolger Jesu sind, mögen Ihre Werke noch viel Segen bringen.

Sehr herzlich grüße ich Sie und Ihren lieben Gatten, Ihr Alfred Hofmann.“

Eine bewegende Tauffeier

Heute waren wir in Bad Zwesten. Dort ist unser jüngster Sohn Pfarrer. Die Passions- und Osterzeit ist eine arbeitsreiche Zeit, besonders für einen jungen Theologen. Bad Zwesten ist seine erste Gemeinde. So sollte ihn mein Mann ein Stückweit entlasten und er übernahm am Ostermontag die Predigt. Mein Sohn selbst hielt die Tauffeier für das erste Kind einer jungen Familie und gestaltete die Liturgie. Als der kleine Erdenbürger in die Kirche gebracht wurde, war mir etwas mulmig zumute; denn er schrie aus Leibeskräften. Aber seltsamerweise hörte das laute Schreien beim ersten Klang der Glocken auf. Auch als die Orgel mit dem großen Halleluja von Händel einsetzte, blieb das Baby ruhig. Ob ihm wohl der Lobpreis zu einem wundersamen Schlaf verholfen hat? Ich weiß es nicht. Aber für mich war es schon erstaunlich, dass der Säugling während des langen Gottesdienstes keinen Laut von sich gab. Wir haben in unserer Familie schon 14 Taufen gefeiert, und ich werde an unsere kleine Mareike erinnert, die so laut schrie, dass der Pfarrer völlig aus dem Konzept kam. Als er das Vaterunser betete, musste er mittendrin abbrechen und schloss das Herrengebet mit einem lauten Amen. Aber hier in Bad Zwesten verlief alles vorbildlich.

Das Bibelwort, das sich die Eltern für ihren Täufling ausgesucht hatten, lautete: „Lasst uns nicht lieben mit Worten noch mit der Zunge, sondern mit der Tat und mit der Wahrheit" (1. Johannes 3,18). In seiner Taufansprache machte Daniel deutlich, welch wunderbares Geschenk uns Gott mit einem Kind macht. Größeres gibt es für Eltern nicht. In der Taufe will Gott dem kleinen Erdenbürger sein Ja zusprechen und ihn unter seinen Segen und seine Bewahrung stellen. Aber die Taufe verpflichtet auch Eltern und Paten dazu, dass sie das Kind mit dem Reichtum der Bibel vertraut machen und es in die christliche Botschaft einführen. Dabei sind Liebe und Wahrheit die beste Hilfe. Der große Pädagoge Pestalozzi hat einmal etwas gesagt, das die Eltern beherzigen sollten: „Erziehung heißt, durch Vorbild und Liebe die Kinder auf die rechte Spur bringen." Dies ist eine starke Herausforderung. Aber wenn sie in die Tat umgesetzt wird, bringt sie eine erstaunenswerte Frucht.

Mir persönlich ist meine Taufe im Nachhinein wichtig geworden, als mir Großmutter über meine Geburt berichtet hat. Es war ein bitterkalter Wintertag. Meterhoch lag der Schnee auf Wegen und Feldern. Vor der Haustür waren solch hohe Schneeverwehungen, dass es äußerst mühevoll war, einen Zugang zum Hof freizuschaufeln. Am 3. Januar hatten bei meiner Mutter die Wehen eingesetzt und die Hebamme wurde aus dem Dorf geholt. Einen Arzt gab es weit und breit nicht in Bessarabien. Ich war das zweite Kind in der Familie und der Schrecken war groß, als ich geboren wurde und kaum lebensfähig war. Die Hebamme wickelte mich in ein Tuch und legte mich auf die Ofenbank. Sie versorgte erst meine Mutter, weil sie keine Hoffnung für mich hatte. „Dies Kind ist zu schwach", sagte sie zu meiner Großmutter, „es wird den Abend kaum erleben." Großvater wurde von der Hiobsbotschaft unterrichtet. Er eilte herbei, wickelte mich aus der Windel, schlug mir kräftig auf den Rücken, rieb mir mit seinen großen, warmen Händen mein Körperchen, sah mir in die Augen und litt Not. Er beatmete mich, und das führte zu einem Erfolg. Die Atmung setze wieder ein. Schnell wurde der Küsterlehrer geholt und eine Nottaufe wurde vollzogen.

So stand mein Eintritt in diese Welt unter keinem guten Stern. Aber Gott wollte, dass ich lebe. Er hat mich geschaffen, elend, aber doch wunderbar mit allen Gliedern, und schenkte mir aller Todesahnung zum Trotz neue Kräfte. Ich war ein schwaches Kind und blieb es auch über viele Jahre, aber doch regte sich in mir Lebensfreude und Energie. Großmutter päppelte mich vom ersten Tag an auf, und von der Stunde an ging es aufwärts mit mir. Leider ist mir mein Taufspruch nicht bekannt. Aber ich habe mir später die Losung des 3. Januar 1934 von Herrenhut schicken lassen. Es sind ermutigende Worte:

„Du bist mein Vater, mein Gott und Hort, der mir hilft" (Psalm 89,27).

Und der Lehrtext lautet: „Er selbst, der Vater, hat euch lieb" (Johannes 16,27).

Nicht in einer ehrwürdigen Kirche, sondern in einer einfachen Bauernstube wurde ich unter den Segen Gottes gestellt. Mir bleibt bis heute die Gewissheit: Ich bin Gottes geliebtes Kind. Er legt seine Hand auf meine Schulter und spricht mir zu: „Du bist mir überaus wertvoll."

Diese Tatsache versuchte auch unser Sohn den Eltern des Täuflings zu vermitteln. Auch sie erfuhren den Segen Gottes. Es war in der Kirche alles sehr feierlich. Gemeinsam sangen wir noch ein Lied, das mich an manchen Stellen schmunzeln ließ.:

Danke für dieses neue Leben, danke für jedes kleine Kind.
Danke, dass seine lieben Eltern froh und glücklich sind.

Danke für jedes Lärmen, Toben, danke für jeden lauten Schrei.
Danke für jedes helle Lachen, da ist Gott dabei.

Danke, auch wenn es manchmal Müh' macht, danke, wird auch der Schlaf gestört,
danke, dass es trotz mancher Sorgen nun zu uns gehört.

Danke im Kreise aller Kinder, danke, dass wir zusammen sind,
danke, wir danken mit den Eltern für dies kleine Kind.

Danke, mein Gott, für deine Nähe, danke für jedes gute Wort.
Danke, dass deine Hand mich leiten will an jedem Ort.

Danke für das Geschenk der Taufe, danke, dass du jetzt bei uns bist.
Danke für deinen guten Segen, den du nicht vergisst.

In Bad Zwesten ist es Brauch, den Täufling nach Empfang des Sakraments von der Patin in die Höhe zu heben und ihn der Gemeinde vorzustellen. Das soll ein Sinnbild dafür sein, dass Gott der Herr seine Kinder, die in seine Nachfolge getreten sind, auch einmal in die Höhe der himmlischen Herrlichkeit aufnehmen wird, wenn ihr Lebensweg das Ziel erreicht hat. Die kleine Emily darf unter Gottes Schutz und Bewahrung leben. Nach Ende des Gottesdienstes trat ich zu den Eltern und Großeltern vor den Altar, wünschte ihnen noch Gottes reichen Segen und drückte ihnen die Hand.

Die frommen Mütter in Russland

Es war in der Zeit des Zweiten Weltkriegs. Stalin führte in Russland ein hartes Regiment. Mit aller Macht wollte er die Gottlosigkeit im Volk vorantreiben. Wie er zu dieser menschenverachtenden Idee gekommen ist, lässt sich nicht bis in alle Einzelheiten aufklären.

Ein deutscher Soldat, der an der Ostfront als Sanitäter eingesetzt war, wurde in das Haus einer russischen Familie einquartiert. Mit der Mutter kam er ins Gespräch, als sie ihn eines Tages fragte, ob er nicht ihre Kinder taufen könnte. Der Soldat war nämlich katholischer Priester. Sie erzählte ihm, dass ihr ältester Sohn schon kurz nach seiner Geburt getauft war. Sie hatte ihn nach Dnepropetrowsk über 330 Kilometer von dem Ort entfernt, in dem sie lebte, auf ihren Armen getragen, um ihn von einem Priester taufen zu lassen. In ihrer Umgebung gab es weit und breit keine Geistlichen mehr. Sie waren von der kommunistischen Partei entweder erschossen oder in Arbeitslager eingekerkert worden. Als sie später mit ihrem Zweitältesten in Dnepropetrowsk erschien, um auch ihm das Sakrament der Taufe zukommen zu lassen, musste sie unverrichteter Dinge wieder umkehren; denn inzwischen gab es auch hier keinen Priester mehr. Es ist erstaunlich, wie viel dieser Mutter die Taufe bedeutete, dass sie diese weiten Wege auf sich nahm. Der deutsche Soldat war über das Handeln dieser frommen russischen Mutter sehr erstaunt. So fragte sie den Sanitäter, ob er nicht ihre anderen Kinder taufen könnte. Sie wollte sie gerne unter dem Segen Gottes wissen. Er sagte ihr dies zu. Natürlich erzählte sie auch anderen Müttern davon, und in ihrem Ort sprach es sich unter den Gläubigen herum. So wurde der deutsche Priester Woche für Woche in die umliegenden Ortschaften gerufen, um das Sakrament zu spenden. In einem andern größeren Ort, in dem es auch keinen Geistlichen mehr gab, riet er den Müttern, in Zukunft ihre Kinder selbst zu taufen. Diese waren sehr überrascht darüber, denn sie wussten nicht, dass sie im Notfall zur Taufe ihrer Kinder berechtigt waren. In diesem großen Dorf taufte er gleich eine Reihe von Kindern, große und kleine.

Von dem bekannten Schriftsteller Boris Pasternak wird erzählt, dass er während des kommunistischen Regimes von einem frommen Kindermädchen betreut wurde. Sie liebte diesen Jungen von ganzem Herzen, betete über ihm und taufte das Kind eines Tages selbst. Dies durfte natürlich niemand erfahren, denn dann wäre sie auch in ein Arbeitslager interniert worden.

Es ist zum Staunen, wie das Evangelium sich trotz heftiger Anfeindungen in Russland durchsetzte, und es waren die Großmütter und Mütter, die ihre Enkel und Kinder in den Reichtum der Heiligen Schrift einführten. So konnte der Glaube an Jesus zwar unterdrückt, aber nicht ausgelöscht werden.

Im Jahr 2002 besuchte ich die Evangelische Kirche in Moskau. Dorthin war ich eingeladen, um Vorträge für Frauen und auch Gottesdienste zu halten. Außerdem besuchte ich Jugend- und Seniorenkreise und machte auch Hausbesuche. An einem Tag saß ich mit einer Gruppe älterer Männer und Frauen beisammen. Einige erzählten mir aus ihrem Leben. Fast alle Männer waren zur Zeit Stalins verfolgt und in Straflager eingewiesen worden. Einer zeigte mir seine rechte Hand. Sie war gelähmt und wies einen Durchschuss auf. Während eines Verhörs sollte er ein Protokoll unterschreiben, das lauter Lügen enthielt. Als er dies verweigerte, jagte ihm ein Wachsoldat eine Kugel durch die Hand. Für 15 Jahre musste er in ein Straflager nach Sibirien gehen, nur weil er Christ war, seine Kinder in der biblischen Lehre unterrichtet hatte und bei einem geheimen Gottesdienst in einem Wald entdeckt worden war.

Mich bewegt der Werdegang Stalins. Vor allen Dingen frage ich mich, wie ein Mensch so grausam, menschenverachtend und sadistisch werden konnte, der doch in seiner Kindheit von einer tiefgläubigen Mutter geprägt worden war. Geboren wurde er am 21. Dezember 1870 in Gori in Georgien. Er war das vierte Kind. Seine drei vor ihm geborenen Geschwister waren bald nach der Geburt gestorben. Keiner hätte voraussagen können, dass dieses vierte Kind, das am Leben blieb, zu einem der verhängnisvollsten Despoten der Geschichte werden sollte. Stalin stammte aus dem

Arbeitermilieu. Er selbst lernte aber nie die Schwere dieser Arbeiterklasse kennen und musste nie um einen kargen Lohn schuften. Er besuchte die besten Schulen, wurde später Student, Berufsrevolutionär und schließlich bezahlter Parteisekretär. Und doch hatte er als Kind erfahren, wie das Leben der Armen aussah. Das bewog ihn wohl auch dazu, als junger Mensch Sozialist zu werden. Sein Vater, Wissarion Dschugaschwili, kam als Sohn eines georgischen Kulaken auf die Welt, der noch ein paar Jahre zuvor Leibeigener im Zarenreich gewesen war. Er arbeitete sich aber empor und machte sich als Flickschuster selbstständig. In der Kreisstadt Gori, wo er nun wohnte, heiratete er die fünfzehnjährige Jekaterina Geladse, die Tochter eines leibeigenen Bauern. Nachdem die junge Mutter drei Kinder nach der Geburt zu Grabe tragen musste, ist es verständlich, dass sie über ihren vierten Sohn, der überlebte, sehr glücklich war und ihn liebevoll betreute. Vom Vater wird gesagt, dass er ein Säufer und Schläger gewesen sei. Dadurch konnte Stalin keine gute Beziehung zu seinem Vater aufbauen. Der Junge wurde sehr misstrauisch, war scharfsinnig und unaufrichtig. Oft veranlasste ihn die Angst vor seinem Vater zu lügen. Und doch sagte Stalin selbst: „Meine Eltern waren zwar ungebildet, aber sie haben mich in keiner Weise schlecht behandelt." Wahrscheinlich ist dies eine Schutzbehauptung; denn er wollte seine Eltern nicht in Misskredit bringen.

Der kleine Sohn wurde, wie es zu der Zeit üblich

war, nach der Geburt getauft. In der Familie herrschte schreckliche Armut. Der Vater verdiente wenig und die Mutter musste sich mühsam etwas dazuverdienen. Immer wieder kam es in der Familie zu Spannungen zwischen den Eltern. Schließlich erfolgte der Bruch. Der Vater zog nach Tiflis und ließ Frau und Kind allein in Gori zurück. Dort soll er in einer Schuhfabrik gearbeitet haben. Der kleine Josiff wurde später Stalin genannt, was der Stählerne bedeutet. Sein Vater kam bei einer Wirtshausschlägerei ums Leben. Nun war das Kind ganz der Fürsorge der Mutter anvertraut. Sie übte nun einen weit größeren Einfluss auf das Kind aus, als der Vater es hätte tun können. Obwohl sie kaum ihren Namen schreiben konnte, sorgte sie doch dafür, dass ihrem Sohn eine gute Schulbildung zuteil wurde. Er sollte es in seinem Leben einmal besser haben als sie selbst. Deshalb gab sie ihn nicht in die Lehre eines Handwerkers, sondern schickte ihn zu der besten der vielen Schulen in Gori, nämlich der orthodoxen Kirchenschule. Priester sollte er werden. Das schwebte der Mutter vor; denn der Beruf des Priesters war neben dem des Offiziers der angesehenste. Sie achtete sogar die Würde eines Geistlichen höher als die des Zaren. Ihre Enkelin schreibt darüber:

„Großmutter war sehr fromm und träumte davon, dass er einmal Priester werden sollte. Bis zu ihrem Tod blieb sie eine gläubige Christin. Die Stellung ihres Sohnes über hundert Völker in der Sowjetunion machte später auf sie keinen Eindruck. Sie zeigte ihm ihre Gleichgültigkeit gegenüber allem, was er erreicht hatte, ihre Verachtung für allen irdischen Ruhm und alles irdische Getriebe."

Der junge Stalin hatte eigene Gründe, dem frommen Ehrgeiz der Mutter zu entsprechen. Er war doppelt gezeichnet. Sein Gesicht wies viele Narben durch eine Pockenerkrankung in der frühen Kindheit auf, und durch einen Unfall, den er mit elf Jahren erlitt, war sein linker Arm verkrüppelt. Es hat ihm auch stark zugesetzt, dass seine Mitschüler aus wohlhabenden Familien stammten und über ein reiches Taschengeld verfügten, er aber ein armer, pockennarbiger Schlucker war. Denen, die verächtlich auf ihn herabblickten, wollte er es zeigen. Deshalb lernte er sehr gut Russisch und wurde einer der besten Schüler in der Klasse. Ein Schulkamerad schildert den jungen Stalin so:

„Unfreundlich, kurz angebunden, die Augen kühn und lebhaft, und nicht Vertrauen erweckend, ohne Mitgefühl für Tiere und Menschen. Körperlich kräftiger als die andern, war er der typische Klassentyrann."

Nach sechs Jahren verließ er die Kirchenschule mit Auszeichnung und den besten Noten. Mit einem Stipendium in der Tasche, das ihm der Schulrektor und Pope in Gori verschaffte, trat der Fünfzehnjährige 1894 in das orthodoxe Seminar in Tiflis ein und blieb dort bis 1899. Das war für den jungen Stalin eine entscheidende Zeit. In den ersten Jahren war er ausgesprochen fleißig, folgte mit großer Aufmerksamkeit dem Unterricht und zeigte sich als gelehriger und gehorsamer Schüler. Die Bücher des Alten und Neuen Testaments fesselten ihn, und auch die Liturgie der orthodoxen Kirche hinterließ starke Spuren bei ihm. Noch ein halbes Jahrhundert später beeinflusste sie den Stil seiner Reden. Stalins Werdegang begann so hoffnungsvoll. Wie und wann kam es zu der Wende? Dass Stalin gerade im Priesterseminar seinen Glauben an Jesus über Bord warf, ist nicht verwunderlich; denn das theologische Seminar in Tiflis war zu dieser Zeit zu einer der wichtigsten Brutstätten der Revolution geworden. Hier befand sich das Zentrum der politischen Opposition. Dadurch drangen neben nationalistischen auch marxistische Ideen und atheistische Vorstellungen in die Köpfe der Studierenden ein. Die entsprechenden Schriften waren zwar verboten, aber Stalin befasste sich doch mit ihnen und wurde 1896 erstmals dafür bestraft. Von da an betätigte sich der Theologiestudent Stalin als Propagandist in Versammlungen der Tifliser Eisenbahnarbeiter, die mit ihren Streiks die Stadt in Unruhe versetzten. So wurde aus dem an Christus gläubigen Stalin ein Verfechter des Leninismus. Wahrscheinlich trugen die im Seminar angewandten Methoden der Überwachung, Bespitzelung und geistigen Bevormundung mit dazu bei, dass er später als Herrscher in der Sowjetunion diese Methoden anwendete, obwohl er früher selbst darunter gelitten und die Unfreiheit ihn schrecklich bedrückt hatte. Hier zeigen sich Vorgänge in der menschlichen Seele, die man oft antreffen kann. Aus nicht verarbeiteter Opferhaltung kommt es zu einem abgründigen Täterverhalten, das die gleichen Mittel anwendet, unter denen man einst selbst gelitten hat. So wird Stalin ein nicht geringes Maß an Sadismus nachgesagt. Es wird deutlich, dass konsequenter Atheismus die Schleusen öffnet für die Abgründe menschlichen Wesens. Anders kann man die vielen Millionen Toten und Folterungen in seiner Regierungszeit nicht erklären. Stalin setzte die leninistische Christenverfolgung fort. Sie ist die größte und grausamste in der bisherigen Kirchengeschichte.

Angesichts dieser schier unfassbaren Verbrechen fragen wir uns bestürzt: Wie ist es möglich, dass dieser Mann mehr als dreißig Jahre lang über ein Riesenreich herrschen konnte? Die gläubigen Christen wurden zu einem großen Teil ausgerottet, landeten in Straflagern in Sibirien oder wurden in den Untergrund und in die Emigration getrieben. Von den 52 000 orthodoxen Kirchen blieben nur 400 übrig. Von den 1025 Klöstern waren beim Tod von Stalin nur noch ein Dutzend vorhanden. Das kirchliche Leben war fast erloschen. Und doch konnte der Diktator das Evangelium nicht gänzlich vernichten.

Bonhoeffers Lied zum Abitur

Seit ich Christ geworden war, wollte ich auch gern meine Klassenkameraden mit Jesus bekannt machen. Ich versuchte es mit dem Morgengebet. Meine Mitschüler erlaubten es mir, ja einige baten mich sogar darum. Sicher hätte ihnen etwas Wesentliches gefehlt, wenn ich vor dem Unterricht nicht meine Sinne zu Gott hin orientiert hätte. So faltete ich jeden Tag vor dem Unterricht meine Hände. Wie dankbar sie mir dafür waren, merkte ich besonders beim Abitur. Ganz aufgeregt kam Winfried vor der Prüfung auf mich zu und bat mich: „Lotte, du betest doch jetzt mit uns?" In diesem Augenblick wurde ich an Dietrich Bonhoeffer erinnert.

Er war junger Theologe, wurde aber noch kurz vor Ende des Zweiten Weltkriegs in Flossenbürg auf grausame Weise hingerichtet. Sein Tod hat mich als junges Mädchen sehr erschüttert, und auch heute noch frage ich mich: O Gott, hättest du ihn nicht vor dem Henker retten können? Die amerikanischen Truppen waren schon ganz in der Nähe, vielleicht fünf Kilometer von diesem Gefängnis entfernt. Die Kanonenschüsse drangen laut bis zu den Häftlingen vor, und so hatten diese schon Hoffnung gefasst, dass sie nun wohl nicht mehr sterben müssten.

Nach Flossenbürg wurden am 3. April 1945 die Gefangenen verlegt, die angeblich am Attentat auf Adolf Hitler beteiligt gewesen waren. Die Luft im Inneren des Autos war unerträglich stickig. Es war auch dunkel darin, und die Männer hatten nichts zu essen und zu trinken. An einem einsamen Gehöft wurde noch einmal Halt gemacht. Die Häftlinge durften sich die Füße vertreten und an einer Pumpe Wasser schöpfen. Eine Bauersfrau sah das Auto mit den Gefangenen, brachte ihnen noch einen großen Krug mit Milch und einen Laib Brot. Das war der letzte Liebesdienst, den sie den Gefangenen tun konnte. Über mehrere Stationen erreichte man schließlich das Ziel: Flossenbürg. Es war der Weiße Sonntag. Einer der Mitgefangenen bat Bonhoeffer, ihnen einen Gottesdienst zu halten. Er war dazu bereit und legte die Losung des Tages aus: „Durch seine Wunden sind wir geheilt" (Jesaja 53,4). Der Lehrtext lautete: „Gelobt sei Gott und der Vater unseres Herrn Jesus Christus, der uns nach seiner großen Barmherzigkeit wiedergeboren hat zu einer lebendigen Hoffnung durch die Auferstehung Jesu Christi von den Toten" (1. Petrus 1,3). Dies war seine letzte Predigt.

Dann wurde die Tür geöffnet und zwei Zivilisten riefen: „Gefangener Bonhoeffer, fertig machen und mitkommen!" Er raffte seine wenigen Sachen zusammen und verabschiedete sich von seinen Mitgefangenen mit den Worten: „Das ist das Ende, für mich der Beginn des Lebens."

Eilig lief er die Treppe hinunter. In Flossenbürg vollzog sich im Morgengrauen dieses Tages, es war der 9. April 1945, die Hinrichtung. Der Lagerarzt hat zehn Jahre später dieses Ereignis öffentlich gemacht. Er schrieb: „Am Morgen des betreffenden Tages etwa zwischen fünf und sechs Uhr wurden die Gefangenen ... aus den Zellen geführt und die kriegsgerichtlichen Urteile verlesen. Durch die halb geöffnete Tür eines Zimmers im Barackenbau sah ich vor Ablegung der Häftlingskleidung Pastor Bonhoeffer in innigem Gebet vor seinem Herrgott knien. Die hingebungsvolle und erhörungsgewisse Art des Gebets dieses außerordentlich sympathischen Mannes hat mich zutiefst erschüttert. Auch an der Richtstätte selbst verrichtete er ein kurzes Gebet und bestieg dann mutig und gefasst die Treppe zum Galgen. Der Tod erfolgte nach wenigen Sekunden. Ich habe in meiner fast fünfzigjährigen ärztlichen Tätigkeit kaum je einen Mann so Gott ergeben sterben sehen."

Ein Leben voller Mut zum Glauben war beendet. Das ewige Leben aber fand seine Erfüllung.

Dietrich Bonhoeffer hat am letzten Silvesterabend ein wunderschönes Lied gedichtet und es seiner Mutter und seiner Verlobten gewidmet. Darin heißt es im Refrain:

Von guten Mächten wunderbar geborgen
erwarten wir getrost, was kommen mag.
Gott ist mit uns am Abend und am Morgen
und ganz gewiss an jedem neuen Tag.

Mit diesen Worten band ich all unsere Ängste und Sorgen vor der Prüfung des Abiturs in die Gewissheit ein, dass Gott uns durchhelfen würde.

„Lotte, danke, das Gebet ist wunderbar", bedankte sich mein Klassenkamerad Winfried anschließend.

Eine klangvolle Beerdigung

Es war im Mai. Auf den Wiesen rund um Oberstdorf im Allgäu blühte der Löwenzahn in seiner ganzen Fülle, sodass kaum noch etwas vom Grün zu sehen war.

Hier durfte ich 14 Tage lang eine Freizeit halten. Das Heim Krebs war total überfüllt und einige der Teilnehmer waren in den benachbarten Pensionen untergebracht. Zu den Bibelarbeiten und Vorträgen kamen sie zu uns in den Versammlungsraum. Wir waren eine große und frohe Schar. Dann aber überschattete der Tod der Hausmutter unsere Zusammenkunft. Ich wusste, dass sie schon lange sehr leidend war. Der Krebs war nicht zu besiegen. Nun war sie von Gott in seine Herrlichkeit abberufen worden und alles Leiden hatte ein Ende. Unsere Gruppe nahm an der Trauerfeier teil. Viele Menschen waren in der Leichenhalle und auf dem Friedhof versammelt, um von dieser treuen Christin Abschied zu nehmen. Ich weiß nicht, wie viele Jahre sie in dem Freizeitheim mit ihrem Mann Dienst getan hatte. Nun war ihr Tagewerk vollendet. In der Traueransprache ging der Pastor auf ihr Leben ein. Es gab viele schöne, ja herrliche Tage in ihrem Dasein. Aber dann traten immer öfter schwere Erkrankungen auf, die schließlich ihrem Tun viel zu früh ein Ende setzten.

In unserer Mitte befand sich ein jüdischer Christ.

Das Besondere an ihm war seine Stimmgewalt. Er konnte wunderbar schön, aber auch laut singen. In Berlin gehörte er einer jüdischen Gemeinde an, in der er die Aufgabe des Vorsängers hatte. Ich habe selten einen Menschen so kraftvoll singen hören. Als die Traueransprache zu Ende war und die Besucher sich bereit machten, an das Grab zu gehen, sagte der Pastor noch ein Lied an. Ich kenne es schon lange und habe es auch auswendig gelernt:

Wenn nach der Erde Leid, Arbeit und Pein
ich in die goldenen Gassen zieh ein,
wird nur das Schaun meines Heilands allein
Grund meiner Freude und Anbetung sein.

Wenn dann die Gnade, mit der ich geliebt,
dort eine Wohnung im Himmel mir gibt,
wird doch nur Jesus und Jesus allein
Grund meiner Freude und Anbetung sein.

Dort vor dem Throne im himmlischen Land
treff ich die Freunde, die hier ich gekannt;
dennoch wird Jesus und Jesus allein
Grund meiner Freude und Anbetung sein.

Refrain: Das wird allein Herrlichkeit sein,
das wird allein Herrlichkeit sein,
wenn frei von Weh ich sein Angesicht seh!
Wenn frei von Weh ich sein Angesicht seh!

Unser jüdischer Freund sang aus Leibeskräften und riss uns alle mit. Später sagte mir eine Frau aus Oberstdorf, mit der ich den Friedhof verließ: „Noch nie habe ich auf einer Trauerfeier ein so gewaltiges und schönes Lied gehört." Überall auf dem Friedhof bis an das letzte Grab war der Lobpreis Gottes und seine Auferstehungsmacht zu hören.

Dies ist das Siegeslied der kämpfenden und siegenden Gemeinde. Das Ziel unseres Glaubens besteht darin, einmal in der Herrlichkeit Gottes Angesicht zu sehen. Gibt es für Christen einen schöneren Ausblick?

Das alt raue Kreuz

Nun lag ich schon längere Zeit in der Klinik. Die Krankheit raubte mir meine Kräfte und ich war verzagt. An einem Morgen besuchte mich eine kleine Gruppe von Diakonissen, in deren Haus mein Mann viele Jahre Andachten gehalten hatte, und sang mir das folgende Lied:

Dort auf Golgatha stand einst ein alt raues Kreuz,
stets ein Sinnbild von Leiden und Weh;
doch ich liebe das Kreuz, denn dort hing einst der Herr,
und in ihm ich das Gotteslamm seh.

Dieses alt raue Kreuz, von der Welt so verhöhnt,
zieht mich wunderbar mächtiglich an;
hat doch dort Gottes Lamm, das vom Thron zu uns kam,
für uns Sünder Genüge getan.

Diesem alt rauen Kreuz bleib auf immer ich treu,
trage williglich Schande und Hohn.
Einstens ruft es mich heim, wo ich ewig darf schaun
seine Herrlichkeit vor Gottes Thron.

Refrain:
Schätzen werd ich das alt raue Kreuz,
bis ich Jesus erblick auf dem Thron.
Ich will halten mich fest an das Kreuz,
einst erhalt ich dafür eine Kron.

Vor Ergriffenheit rannen mir die Tränen über die Wangen. Ich fühlte mich schrecklich elend und schämte mich auch meiner Schwachheit. Ich besaß so wenig Glaubensmut. Bisher hatten mich die Schwestern nur als eine starke Frau erlebt, die das Leben mit ihrer großen Familie meisterte und sich darüber hinaus ehrenamtlich im Dienst der Telefonseelsorge einsetzte. Ich weiß, dass so manches Gebet der Diakonissen mich in die Nachtstunden hinein begleitet hatte, wenn es darum ging, einen verzweifelten Menschen, der Selbstmord begehen wollte, von seinem entsetzlichen Vorhaben abzuhalten. Ich wusste mich in der Fürbitte von ihnen getragen. Nun aber sahen mich die Chorsängerinnen in meiner ganzen Armseligkeit.

„Frau Bormuth, Sie dürfen weinen und brauchen sich Ihrer Tränen nicht zu schämen. Wir werden weiter für Sie beten und auf die Hilfe unseres Herrn warten. Er wird die Operation gelingen lassen", tröstete mich eine Sängerin.

Aber so schnell war ich nicht zu beruhigen. Als die Schwestern wieder gegangen waren, raffte ich mich aus meinem Bett auf und humpelte in den „Raum der Stille". Ganz allein saß ich unter dem Kreuz, das an der Wand hing, und suchte die Nähe meines Herrn. Das Kreuz ist schon seit jeher mein liebster Ort. Seit meiner Hinwendung zu Jesus suche ich die Nähe des Kreuzes, wenn ich einen gottesdienstlichen Raum betrete. Dann steht mir Jesus mit seinem Leiden vor Augen. Leise sang ich mit etwas zitternder Stimme noch einmal das Lied vom alt rauen Kreuz vor mich hin.

Ich weiß nicht mehr, wie lange ich dort vor dem Kreuz gesessen habe. Am liebsten wäre ich auf meine Knie gesunken und hätte meinen Herrn gelobt, aber das war mir nicht möglich, weil ich mir die Hüfte gebrochen hatte. Welch wunderbare Tat hat mir Christus erwiesen, als er sein Leben für mich opferte. Nie will ich das vergessen. Ich bin überaus geliebt, ob ich stark bin oder schwach. Sein Kreuz trägt mich.

Und so humpelte ich, getröstet und gestärkt durch den Anblick des Kreuzes, wieder zurück in mein Krankenzimmer.

O du Lamm Gottes

Gesungen wurde in unserer Familie sehr viel. Vater saß an unserem alten, geschenkten Klavier, und wir vier Kinder standen um ihn herum. So haben wir mit ihm meist unsere Heimatlieder aus Bessarabien gesungen, laut und kräftig, sodass es bis auf die Straße hinausschallte. Ein Lied kommt mir heute noch oft über die Lippen, es ist mir ein Vermächtnis:

Gott segne dich, mein Heimatland,
ich grüß dich tausendmal.
Du Land, wo meine Wiege stand
durch meiner Väter Wahl.
Du Land, an allem Gut so reich,
ins Herz schloss ich dich ein,
ich bleib dir in der Liebe treu,
im Tode bin ich dein.

Als ich später zum Glauben an Christus fand, haben mir vor allen Dingen die Lieder aus dem Kirchengesangbuch und aus dem Reichsliederbuch geholfen, die Botschaft des Evangeliums zu begreifen. An ein Lied erinnere ich mich besonders gern. Es war wohl im Mai 1950. In Bad Hersfeld fand eine Glaubenskonferenz statt. Mit einer Gruppe junger Mädchen aus dem Jugendbund war ich mit dem Rad dorthin gefahren. Tief beeindruckt von der Predigt in der großen Kirche, wo sich viele Menschen versammelt hatten, bewegten mich auch die Lieder. Kurz zuvor, am Silvesterabend 1949, hatte ich mich entschieden, in die Nachfolge Jesu zu treten. Vieles war mir in der Bibel noch fremd, aber nach und nach erschloss sich mir das Evangelium immer mehr. Täglich las ich darin. Im Anschluss an die Konferenz fand eine Abendmahlsfeier statt. Ich war schon aufgestanden, aus meiner Bank getreten und wollte die Kirche verlassen. Da fragte mich meine Freundin: „Lotte, willst du nicht doch noch bleiben?"

„Aber Renate, ich habe doch mein buntes Kleid an." Früher war es nämlich üblich, nur in schwarzer Bekleidung an den Altar zu treten und Brot und Wein zu empfangen. „Lotte", ermutigte mich meine Freundin, „das Äußere spielt hier keine so bedeutende Rolle. Bleib doch." So suchte ich wieder meinen Platz auf. Während dieser Feier wurden viele Lieder gesungen, die mein Innerstes berührten. Es war besonders das Lied „Welch Glück ist's, erlöst zu sein", das in mir eine bis dahin ungeahnte Freude hervorrief:

Welch Glück ist's, erlöst zu sein,
Herr, durch dein Blut!
Ich tauche mich tief hinein
in diese Flut.
Von Sünd und Unreinigkeit
bin ich hier frei

und jauchze voll selger Freud:
Jesus ist treu!

Welch Glück ist's, erlöst zu sein,
Herr, durch dein Blut!
Ich leide nicht länger Pein,
habe nun Mut.
Mir ging ja ein neues Licht
gnadenvoll auf;
drum zweifle ich ferner nicht
in meinem Lauf.

O Jesu, Gekreuzigter,
dir jauchz ich zu!
Mein Heiland, mein Gott und Herr,
in dir ist Ruh;
mit dir überwind ich weit
des Todes Macht.
O Wort voller Seligkeit:
Es ist vollbracht!

Refrain: O preist seiner Liebe Macht,
preist seiner Liebe Macht,
preist seiner Liebe Macht,
die uns erlöst!

Ich war sehr ergriffen von diesem Lied und versprach
meinem Herrn: „Dir will ich mein ganzes Leben lang
angehören." Die Freude, die mich in diesem Moment

bewegte, kann ich nicht beschreiben. Später habe ich sie mir in meinem Dasein oft wieder gewünscht, aber Jesus hat sie mir nur in der Stunde meines Gelübdes in dieser Tiefe geschenkt.

Lieder zur Freude und zum Trost

Dies war ein Tag, wie ich ihn mir nie wünschen würde. Todkrank lag mein Vater in einem Krankenhaus in
Kassel. Dort war er aufgrund eines Krebsbefundes vor
drei Tagen operiert worden. Wie werde ich wohl Vater
antreffen? Mir war so bange vor der Begegnung mit ihm.
Bevor ich in sein Krankenzimmer trat, sprach ich mit
einem Arzt. Er machte keinen Hehl daraus, dass die Le-
benschancen für Vater sehr schlecht stünden. Er war mit
heftigen Bauchschmerzen in die Klinik eingeliefert worden und lag schon einen Tag später auf dem Operati-
onstisch. Aber der Krebs hatte schon Metastasen gebildet
und sich im Bauchraum ausgebreitet. Also schien sich
die Vermutung zu bestätigen, dass Vater an Darmkrebs
im fortgeschrittenen Stadium litt. Mir war bei dieser
Diagnose zumute, als würde mir der Boden unter den
Füßen entzogen. Am liebsten hätte ich schreien mögen:
Das darf doch nicht wahr sein! Aber ich durfte meinen
Schmerz nicht äußern. Auch meine Tränen musste ich
zurückhalten. Als ich an sein Bett trat, drückte Vater mir
fest die Hand. Ich glaube, er ahnte, dass seine Lebens-
zeit sich dem Ende zuneigte und der Sand jetzt schneller
durch das Stundenglas rann. Aber über Tod und Heimgang sprachen wir nicht. Er fühlte sich nach der Operation sehr schwach. Und doch freute er sich, dass auch seine
Enkeltochter mitgekommen war. Auf seinen Nachttisch

stellten wir roten Traubensaft, den er immer so gern getrunken hatte. Wir blieben nicht lange im Krankenzimmer, denn unser Besuch strengte ihn sehr an. Bevor wir wieder gingen bat er uns, ihm noch ein Lied zu singen. In unserer Familie wurde immer sehr viel gesungen, und Anne-Ruth packte ihre Gitarre aus. Meine Tochter hat eine sehr wohlklingende Stimme und vermag von den Saiten wunderschöne Melodien erklingen zu lassen. Ich nahm all meine Kraft zusammen, denn zum Singen war mir gar nicht zumute. So stimmte meine Tochter das Lied an:

Bist zu uns wie ein Vater, der sein Kind nie vergisst,
der trotz all seiner Größe immer ansprechbar ist.

Deine Herrschaft soll kommen, das, was du willst, geschehn,
auf der Erde, im Himmel sollen alle es sehn.

Gib uns das, was wir brauchen, gib uns heut unser Brot,
und vergib uns den Aufstand gegen dich und dein Gebot.

Lehre uns zu vergeben, so wie du uns vergibst.
Lass uns treu zu dir stehen, so wie du immer liebst.

Nimm Gedanken des Zweifels und der Anfechtung fort,
mach uns frei von dem Bösen durch dein mächtiges Wort.

Deine Macht hat kein Ende, wir vertrauen darauf.
Bist ein herrlicher Herrscher, und dein Reich hört nie auf.

Refrain: Vater, unser Vater, alle Ehre deinem Namen.
Vater, unser Vater, bis ans Ende der Zeiten. Amen.

Wie viel Trost und Zuversicht lagen in diesen Worten. Still hörte Vater zu, bedankte sich und bat uns, dieses trostvolle Lied auch meiner schwer verunglückten Schwester vorzutragen, die drei Stockwerke höher im gleichen Krankenhaus lag. Auch sie rang um ihr Leben. *Nur das nicht*, dachte ich. Wie soll ich singen, wenn der Tod an die Tür klopft und ich nicht weiß, wie ich trösten soll? Aber ich nahm alle meine Kräfte zusammen, und wir sangen dieses Lied auch meiner Schwester Grete vor. In diesen Stunden stärkster Herausforderung gab Gott mir Mut, meiner Verzweiflung keinen Raum zu geben. So erhielt ich Kraft, zuerst mit Vater und dann auch noch mit meiner Schwester nicht nur zu singen, sondern auch zu beten. Erst als ich abends wieder ins Auto stieg, brach der Schmerz aus mir heraus. Ich schluchzte laut und ließ meine Tränen über die Wangen rieseln. Liebevoll legte mein Mann seinen Arm um meine Schultern. Er schwieg, und das tat mir gut. Ich weiß nicht mehr, wie lange wir so auf dem Parkplatz standen, bis ich mich wieder beruhigt hatte und er den Autoschlüssel ins Zündschloss steckte. Dann erst fuhren wir nach Hause. Auf dem Heimweg bewegte mich noch lange die Aussage: „Bist zu uns wie ein Vater." Ich ahnte, dass ich meinen so sehr geliebten Vater nun bald verlieren würde. Aber der Trost wurde mir zur Gewissheit: Ich habe einen himmlischen Vater, von dem ich mich nie trennen muss. Wie mich auch das Leben durchrütteln und durchschütteln mag, er bleibt mein Vater immer und ewig. Das ist Hoffnung angesichts des Todes.

Welch ein Freund ist unser Jesus

Immer wenn das Lied „Welch ein Freund ist unser Jesus" im Gottesdienst gesungen wird, muss ich ein wenig schmunzeln. Ich werde an unsere Anne-Ruth erinnert. Singen war schon von jeher ihre Welt. Als sie zwei Jahre alt war, konnte sie besser ein Lied trällern, als einen Satz vollständig über die Lippen bringen. Wenn ich beim Bügeln, Kartoffelschälen oder Marmeladekochen Evangeliumslieder sang, unterstützte sie mich dabei, auch wenn ihre Worte oft eine eigene Prägung fanden. So sang sie bei der dritten Strophe dieses Liedes:

„O so ist uns Jesus alles, König, Priester und Prophet", die Worte ein wenig anders, denn das R konnte sie noch nicht deutlich über die Lippen bringen.

Als meine Tochter fünf Jahre alt war, mussten wir sie ins Krankenhaus bringen, weil sie operiert wurde. Bei meinen Besuchen hörte ich mein Töchterchen schon auf dem Flur singen. Die Krankenschwestern hatten die Tür zum Kinderzimmer einen Spalt offen gelassen, damit auch die anderen Patienten im Flur erfreut würden. „Hoffentlich wird unser kleiner Singvogel nicht so schnell entlassen", sagte eine Frau zu mir, die ich auf dem Gang traf. „Manchmal stehen fünf oder sechs Patienten vor dieser Tür, um Ihr Kind singen zu hören. Sie ist unsere kleine Nachtigall."

„Schön, dass Sie der Gesang erfreut, aber ich fiebere doch schon dem Tag entgegen, da wir unseren Schatz nach Hause holen können."

Singen blieb Anne-Ruths Leidenschaft, und sie liebte die Musik. Mit sechs Jahren lernte sie das Flötenspiel, und während ihres zweiten Schuljahrs kauften wir ihr eine Gitarre. Wir meldeten sie auch bei einer Klavierlehrerin an, und später spielte sie Orgel. Musikalität ist eine besondere Begabung. Auch ich hatte als junger Mensch eine gute Stimme. In Musik, Religion und manchmal auch in Geschichte erhielt ich meist eine Eins im Zeugnis. Darauf war ich immer sehr stolz. Auch in den Sprachen waren meine Leistungen gut, und das machte mein Mangelhaft in Mathematik wieder wett. Ich sang von der Sexta bis zur Oberprima des Gymnasiums immer im Schulchor, und einmal durfte ich bei einer Weihnachtsfeier als Solistin auftreten und „Vom Himmel hoch, da komm ich her" singen. Unser Musiklehrer fragte mich sogar, ob ich nicht meine Stimme ausbilden lassen wollte. Aber daraus wurde natürlich nichts. Der Lehrer wusste ja nicht, dass wir als Flüchtlinge arm wie eine Kirchenmaus waren. Aber was mich bis heute ärgert, ist die Tatsache, dass ich es nie gelernt habe, nach Noten zu singen. All mein Bemühen hat mir nicht geholfen. Ich singe nur nach dem Gehör.

Drei unserer Söhne haben es mit dem Trompetenspiel versucht. Leider hat Matthias es wieder aufgegeben. Wenn die Kinder übten, verzog ich mich immer schnell in den Garten hinaus und jätete Unkraut. Ich hätte sonst diese Übungsstunden nicht durchgehalten. Heute freut es mich, wenn ich an ihrem Posaunenkonzert teilnehmen darf. In den Osterferien war unsere Enkeltochter Rebecca mit ihren acht Jahren auf einer Musikfreizeit. Der Leiter bescheinigte ihr eine gute Begabung, und eifrig mit Unterstützung ihres Vaters lernt sie das Posaunenspiel. Ich staune, woher dieses zierliche Kind die Kraft zum Blasen nimmt.

Unsere Enkelin Hanna Maria durfte mit sechs Jahren Geigenunterricht nehmen. Immer wenn sie ihre kleine Geige unter ihr Kinn drückte und über die Saiten strich, musste ich gute Miene zum bösen Spiel machen. Ihre Musik klang wie das Gejaule einer Katze. Sie aber war ganz stolz auf ihr Können und glücklich, wenn Lotta Oma einen Schein für ihr Können in ihre Spardose warf. Heute klingt ihr Geigenspiel ganz wunderbar. Natürlich darf ich Hanna Marias Bruder Cornelius nicht vergessen. Schon mehrmals musste er vor einem Publikum vorspielen und erntete viel Lob und Applaus. Unsere Schwiegertochter achtet darauf, dass er seine Übungszeit täglich einhält, auch wenn der kleine Kerl auch gerne Fußball spielen würde. Aber das sah seine Mutter zunächst nicht so gern! Die Gefahr ist nämlich groß, dass er sich dabei die Hände verletzt. Und doch gelang es ihm mit der Zeit, seine Mama zu überzeugen, dass auch Fußballspielen für ihn wichtig ist. Bei seinen Klassenkameraden will er nicht als Außenseiter gelten, und Fußball ist einfach ein herrliches Freizeitspiel. Hoffentlich bleibt er unverletzt.

Ich freue mich, dass Musik in unserer Familie einen weiten Raum einnimmt. Das war nicht immer so. Unser jüngster Sohn hatte in diesem Fach große Schwierigkeiten in der Schule, und doch musste er im Chor mitsingen. Das verlangte sein Lehrer. Hatte die Klasse einen Auftritt, dann sagte sein Chorleiter: „Die Brummer schweigen." Damit fanden wir uns ab und überlegten nie, ob er ein Instrument erlernen sollte. Und doch ist bei ihm ein Wunder geschehen. Vor seinem Theologiestudium besuchte er die Bibelschule in Hermannsburg. Hier wurde die Liturgie bei den Andachten immer gesungen. Es war sein Glück, dass er mit einer musikalischen Studentin befreundet war. Sie brachte ihm das Singen bei. Für seinen Beruf als Pfarrer ist dies überaus wichtig. Er sang während seines Studiums sogar in einem Chor, und das kommt ihm heute bei seinen Gottesdiensten zugute. Laut, richtig und schön kann er die Choräle anstimmen. Keiner würde heute glauben, dass er einmal ein Brummer war.

Eine schöne Gottesfeier

In der Gemeinde unseres Sohnes wurde Konfirmation gefeiert. Es war eine tapfere fröhliche Schar von Jungen und Mädchen, die zu klangvoller Musik mit ihrem Konfirmator in die Kirche einzogen. Alle Besucher erhoben sich von ihren Plätzen. Die Predigt stand unter dem Bibelwort: „Jesus Christus spricht: Ich bin das Brot des Lebens." Um dieses Wort eindrücklich zu machen, ging unser Sohn darauf ein, wie wichtig gute Ernährung sei. Ohne Brot kann kein Mensch leben. Dazu hatte er zur Veranschaulichung verschiedene Lebensmittel mitgebracht: eine Milchflasche, wie sie Säuglinge trinken, Brei, der für das Kleinkind gedacht ist, Pommes frites und Fischstäbchen – das essen besonders Teenager sehr gerne –, und natürlich darf zum Frühstück auch Nutella nicht fehlen. Am Tag der Konfirmation würden sich die eingeladenen Gäste sicher über Tiramisu freuen, einem wohlschmeckenden Nachtisch. Wer würde da nicht kräftig zulangen? Nahrung ist äußerst wichtig für uns Menschen, und doch gehört noch viel mehr dazu, damit junge Menschen gesund heranwachsen und sich gesund entwickeln. Dabei spielen Eltern, Lehrer, Trainer, gute Freunde und eine lebendige christliche Gemeinde eine wichtige Rolle. Kinder sollen merken: Wir sind geliebt und wir werden verstanden. Wir sind geborgen und werden auf unserem Lebensweg wunderbar begleitet.

Ein Beispiel war unserem Sohn aus seiner eigenen Schulzeit in Erinnerung geblieben. Recht missmutig kam er als Zwölfjähriger aus dem Unterricht nach Hause. Unter seiner Klassenarbeit in Deutsch stand die Note Mangelhaft. Es wimmelte nur so von roten Strichen am Heftrand und er musste gegen die Tränen ankämpfen. Er reichte mir die Arbeit. Dabei schaute ich ihn liebevoll an, legte meine Hand auf seine Schulter und tröstete ihn: „Daniel, das sollst du wissen, deine Mutter hat während ihrer Schulzeit mehr als nur eine Fünf nach Hause gebracht. Jetzt sei nicht verzagt. Es wird wieder aufwärts gehen mit dir." Das war für Daniel eine starke Ermutigung. In Deutsch brachte er nie mehr eine mangelhafte Note nach Hause, aber wir übten auch tüchtig das Diktatschreiben. Wie wichtig ist es, dass Eltern die Nöte ihrer Kinder mittragen. Das wurde mir erst im Nachhinein bewusst. Diese Erfahrung macht stark und hilft den Kindern zu einem gesunden Selbstbewusstsein.

Aber außer guter Nahrung und einem behüteten Elternhaus braucht der junge Mensch die großartige Zusage Jesu: „Ich bin das Brot des Lebens." Wunderbar hat Gott unsere Kinder geschaffen. Alle Konfirmanden kommen aus seiner göttlichen Hand, und darin will er sie auch erhalten. Sie sollen einen guten Weg gehen und das hohe Ziel, bei Gott Heimat zu finden, nie aus dem Auge verlieren. Christus will einen Bund mit jedem jungen Menschen schließen, der von seiner Seite nie gebrochen wird. Was auch immer die Konfirmanden in ihrem Leben durchrüttelt und durchschüttelt, mit Christus sind die Belastungen zu tragen und die Konflikte zu lösen. Als guter Freund stellt er sich auf die Seite der Jungen und Mädchen. Sie sind ihm überaus wichtig. Diese Tatsache hat er unter Beweis gestellt, als er am Kreuz für sie starb, um sie mit dem Vater im Himmel zu versöhnen. Keine Schuld ist zu schwer, dass sie nicht vergeben werden könnte. Kein Irrweg ist zu verheerend, als dass es keinen Rückweg mehr gäbe. Die Entscheidung, ob sie sich Christus anvertrauen und Schritte des Glaubens mit ihm gehen wollen, steht in der Verantwortung eines jeden. Wer aber heute an seiner Konfirmation am Altar Jesus sein Ja gibt, darf wissen: Er steht in der bewahrenden Hand des Erlösers.

Dann folgte die Einsegnung. Ein Gospelchor trug noch zur feierlichen Gestaltung dieses einzigartigen Tages bei. Mehr als 400 Besucher waren anwesend. Nach dem Gottesdienst gab ein Vater dem Pfarrer die Hand und sagte: „Das war aber eine schöne Gottesfeier." So sollten alle unsere Gottesdienste sein: Ein Fest zur Ehre unseres Herrn. Das Wichtigste aber hatte sich schon Tage vor der Konfirmation ereignet, als einige der Jugendlichen zum Pfarrer gekommen waren und erklärten: Wir möchten auch in der Gemeinde mitarbeiten. Nun werden diese Jungen und Mädchen im Kindergottesdienst und in der Jungschararbeit eingesetzt.

Das gerettete Kind

Fröhlich sitzen wir im Bibelkreis zusammen und lesen die bewegende Geschichte einer Mutter, die mit allen Mitteln darum kämpft, ihren Jungen zu retten (2. Mose 2,1-10). Mit schrecklichen, menschenverachtenden Befehlen hatte der Pharao dem Gottesvolk Angst gemacht und angeordnet, dass jeder neugeborene Sohn einer israelitischen Familie gleich nach der Geburt getötet werden sollte. Er fürchtete nämlich, dieses Volk, das er zu Sklaven erniedrigt hatte, würde sich zu stark vermehren und dann die Übermacht im Land gewinnen.

Als Jochebed merkte, dass sie schwanger war, überwältigte sie die Freude, dass sie ein Baby erwartete. Zugleich aber überfiel sie die Angst: Hoffentlich bringe ich keinen Sohn zur Welt, denn dann ist er ein Kind des Todes. Als der Tag der Geburt kam, musste sie feststellen, dass sie einem kleinen Buben das Leben geschenkt hatte. Sie schaute sich das Neugeborene an und war überwältigt. Gott hatte ihr ein wunderschönes Kind in die Arme gelegt. Aber denkt nicht jede Mutter so: Mein Baby ist das wunderbarste, das je geboren wurde. Jedenfalls war ich davon überzeugt. Gleich nachdem unsere Kinder das Licht der Welt erblickt hatten, schaute ich meinem Mann glücklich in die Augen und rief ihm zu: „Sieh mal, Karl Heinz, welch ein Wunder! Wir haben ein Baby. Es ist das schönste auf der ganzen Welt. Praise the Lord (Lobet den Herrn)!"

Auch Jochebed war beim Anblick ihres Kindes beglückt, denn es war ein „feines Kind". So steht es nämlich in der Heiligen Schrift. Aber in die Freude über diese herrliche Gabe des Himmels mischte sich auch die Angst. Der Sohn wird wohl dem Mord anheimfallen; denn der Pharao ist grausam und kennt keine Gnade. Wie dicht lagen hier Glück und Leid nebeneinander. Und doch ließ sich die Mutter nicht von dem mörderischen Gebot des Königs überwältigen. Koste es, was es wolle, sie war bereit, mit allen Mitteln ihren Sohn zu retten. Sie nahm alle Kraft zusammen und sann nach einem Ausweg. Um ihren Sohn zu beschützen, verbarg sie ihn zunächst vor den Augen der Menschen. Drei Monate gelang ihr dies, aber dann wurde das Weinen des Babys lauter und drang durch Türen und Fenster. Säuglinge können schreien, dass die Wände wackeln. Jedenfalls war es bei unseren fünfen so. Nun musste Jochebed nach einem Ausweg sinnen.

Wie klug und einfallsreich sind Mütter, wenn es um die Rettung ihrer Kinder geht. Sie flocht ein Kästlein aus Rohr, verklebte es mit Erdharz und Pech, sodass kein Wasser ins Innere eindringen konnte, und legte es mit dem Baby im Schilf am Ufer des Wassers nieder. Sicher war dies die schwerste Entscheidung ihres Lebens. Sie wusste um die Gefahren, denen ihr kleiner Schatz jetzt ausgeliefert war, aber sie kannte auch die Macht des Höchsten, in dessen bewahrende Hände sie ihr Liebstes gab. Kaum einen Schritt wird sie gegangen sein, ohne dass sie durch das Gebet mit Gott in Verbindung stand: „Herr, rette meinen kleinen Sohn."

Wenn Mütter beten, dann aktivieren sie die Macht Gottes. Aber nicht nur Jochebed war um ihren kleinen Liebling besorgt, sondern auch Miriam bangte um ihren Bruder. Wie wird es ihm auf dem Wasser ergehen? Dort war er großen Gefahren ausgesetzt. Krokodile oder auch große Wasservögel könnten ihn töten oder ihm Schaden zufügen. Sie wich nicht von seiner Seite, sondern beobachtete vom Ufer, was nun mit ihrem Brüderchen geschehen würde. Ihre Blicke waren ständig auf das Schilf gerichtet. Würde man das Baby entdecken, und was würde dann mit ihm geschehen?

Niemand hätte ahnen können, wie nah die Rettung war. Gott lenkte mit unsichtbarer Hand. Gerade zu diesem Ufer kam die Prinzessin und wollte dort baden. Sie hörte das Schreien des Babys und schickte sofort eine Magd hin, die das Kästchen holen sollte. So war das Kind der ersten Gefahrenzone entkommen. Wie würde sein Weg weitergehen? Die Prinzessin öffnete den Deckel, sah diesen schönen Jungen und vernahm sein Weinen. Das ging ihr zu Herzen. Sicher ist dies ein hebräisches Kind, musste sie denken. Sie war im Innersten berührt und zeigte Erbarmen mit dem ausgesetzten Würmchen. Sofort ging sie auf den Vorschlag von Miriam ein, die sich nun aus ihrem Versteck wagte. Sie erzählte der Pharaonentochter: „Ich kenne eine israelitische Mutter, die diesem Jungen die Brust geben könnte." Dieser Ratschlag war für die Prinzessin ein Wink des Himmels. Sie war mit dem Vorschlag einverstanden und ließ die hebräische Frau holen. Mose kam wieder zurück in die Arme seiner Mutter. Größer hätte das Wunder gar nicht sein können. Wie wird sie im Stillen gejubelt haben, dass sie nun ihr Liebstes wieder an ihr Herz drücken konnte.

Jetzt blieben ihr etwa fünf Jahre, in denen sie den Kleinen nährte, ihn liebkoste und ihm mit der Muttermilch auch die großen Taten Gottes vermitteln konnte. So will es unser Herr. Wir sollen unseren Nachwuchs früh in den Reichtum der Heiligen Schrift einführen, ihn das Beten lehren und mit ihm die frohen Evangeliumslieder singen. Keine Macht der Welt kann den Kindern je wieder die Heilstaten des Höchsten rauben. Mose ist dafür ein beredtes Beispiel. Fünf glückliche Jahre lagen vor der Mutter. Nie hätte er zum Anführer des israelitischen Volkes werden können, wenn er nicht um das Handeln Gottes gewusst hätte. Was er als Kind gehört hatte, wurde ihm später zur Wegweisung, wie Gott sein Volk liebt und es aus der Bedrängnis befreit. So weit die Geschichte des Mose.

Nach diesem Bibelgespräch erzählte uns ein Teilnehmer die bewegende Geschichte seines Lebens. Er berichtete:

„Ich war in eine kinderreiche Familie hineingeboren worden und das achte Kind meiner Mutter. Diese Zeit war damals bedrohlich. Viele Menschen in Deutschland konnten nicht ausreichend mit Lebensmitteln versorgt werden. Besonders in den Städten herrschte große Hungersnot. Da kam es meiner Mutter wie ein Geschenk des Himmels vor, dass ein kinderloses Ehepaar sich bereit erklärte, mich bei sich aufzunehmen. Es waren sogar nahe Verwandte. Sie gehörten der nationalsozialistischen Partei an und waren mit hohen Ehrungen ausgezeichnet worden. Hitler war ihr einzigartiges Idol. In diesem Haus wurde ich bestens versorgt und wuchs gesund heran. Es fehlte mir an nichts. Mit sechs Jahren wurde ich eingeschult und genoss manche Vorzüge, die sich reiche Leute leisten konnten. Diese Pflegeeltern steckten sich hohe Ziele mit mir. Ich sollte zu einem Kind des Führers erzogen werden. Als ich zehn Jahre alt war, wollten sie mich zu einer besonderen Ausbildung in eine Adolf-Hitler-Schule geben. In diesen sogenannten deutschen Ordensburgen sollten junge Menschen zu zukünftigen Führungskräften im Deutschen Reich herangebildet werden. Dazu musste ich allerdings eine Aufnahmeprüfung machen. Zum Bedauern meiner nationalsozialistischen Pflegeeltern bestand ich diese Prüfung nicht. Sie wollten mich auch zu einem treuen Nationalsozialisten machen, und nun scheiterte ihr Vorhaben schon an der ersten Hürde. Enttäuscht brachten sie mich zu meiner Mutter und meinen Geschwistern zurück.

Natürlich war ich zunächst niedergeschlagen und fühlte mich wie ein Versager. Und doch zog in meine Bekümmertheit ein kräftiger Strahl der Freude. Ich war wieder bei meiner Mutter und in meinem wirklichen Zuhause. Ein neues Leben begann für mich, zwar nicht im Reichtum, aber doch in einer tiefen Geborgenheit. Meine Mutter war froh, dass ihr Jüngster wieder in die Familie zurückgekehrt war, denn es hatte Stunden in ihrem Leben gegeben, in denen sie sich bekümmert gefragt hatte: War es recht, dass ich Wolfgang diesen gottlosen Verwandten anvertraut habe? Als ich die Türschwelle in unserem kleinen Häuschen übertrat, war ihr zumute wie dem Vater im Gleichnis des Verlorenen Sohnes. Sie backte sogleich Kuchen und veranstaltete ein ·wunderschönes Fest. Ich war jetzt wieder daheim. Mutter versuchte nun, mich in den Reichtum der Bibel einzuführen, denn jeden Abend las sie uns Kindern aus dem Evangelium die herrlichen Jesusgeschichten vor. Sonntags ging ich mit meiner Familie in den Gottesdienst und später besuchte ich den Konfirmandenunterricht. Das größte Wunder in meinem Leben geschah, als ich in dieser Zeit Jesus nachfolgen wollte und ein intensiver Bibelleser wurde. Mit sechzehn Jahren wurde ich gemustert und zum Militär eingezogen. Nach Kriegsende geriet ich in amerikanische Gefangenschaft. Mehrere Monate verbrachte ich im Hungerlager in Bad Kreuznach und wusste nicht, ob ich das Lager überstehen würde. Aber ich überlebte und wurde auch vorzeitig entlassen, da ich zu den Jüngsten gehörte. Die Verbindung zu Jesus blieb mir auch in der harten Zeit beim Militär und in der Gefangenschaft erhalten. Schon bald traf mich der Ruf, Verkündiger des Evangeliums zu werden. Unter gefährlichen Umständen schlug ich mich aus dem russisch besetzten Thüringen über die Grenze nach Hessen durch. In Marburg absolvierte ich die theologische Ausbildung und wurde Verkündiger des Evangeliums. Nun darf ich schon über vierzig Jahre Bote Jesu Christi sein."

So führt Gott seine Kinder, wenn sie sich in seine Nachfolge begeben.

Tränen im Taufwasser

Kurz vor ihrem Tod bat mich eine Mutter, sie zu besuchen und ihre Geschichte unter einem Pseudonym in einem Buch wiederzugeben. Sie begann das Gespräch:

Mein Herz ist noch sehr beschwert. Da ich jetzt vor den Toren der Ewigkeit stehe, muss ich mir einiges von der Seele reden, sonst kann ich nicht im Frieden vor Gott treten.

Ich war 21 Jahre alt und bis über beide Ohren verliebt. Im Hause meiner Eltern wohnte ein Jurastudent. Er wollte mir die Sterne vom Himmel holen. Jedenfalls versprach er mir dies. Ich glaube sogar, dass er es ernst meinte und mir in dieser Zeit aufrichtig zugetan war. Er stand kurz vor seinem Examen und nach seiner Referendarzeit wollten wir heiraten. Das hatte er mir versprochen. Aber er hatte die Rechnung ohne seine Eltern gemacht. Diese hätten sich für ihren Sohn gern eine andere, bessere Partie gewünscht. Ich war ja nur Schneiderin. Aber noch hielten wir wie Pech und Schwefel zusammen. Erst als ich schwanger war, zog sich mein Freund von mir zurück. Ich redete mit ihm, sagte ihm, wie sehr ich ihn liebte und ihn gerade jetzt an meiner Seite brauchte. Aber er ließ mich wissen, dass er sich seinen Eltern nicht widersetzen dürfte.

Nun saß ich in meinem Elend da. Was sollte ich tun?

Würde ich das Kind abtreiben, dann müsste ich mit einer empfindlichen Strafe rechnen. Damals in den zwanziger Jahren hätte ich für eine solche Tat sogar ins Gefängnis gehen müssen. Außerdem war mir bewusst, dass ich ein Kind tötete. Ich war ratlos und wusste weder ein noch aus. In dieser verzweifelten Situation kam mir eine Tante zu Hilfe. Sie war eine fromme Christin und nahm sich meiner an. In ihrem Haus gewährte sie mir Unterschlupf. In meiner Stadt hätte ich nicht bleiben können. Schwangere ledige Frauen wurden sehr geächtet, und meine Eltern wollten nie, dass andere davon erfuhren. Als ich dann im sechsten Monat war und mein Baby schon kräftig gewachsen war, fuhr ich zu dieser Verwandten aufs Land. Sie wohnte etwa hundert Kilometer von uns entfernt. Ich habe in dieser Zeit viel geweint und war todunglücklich. Warum tut mir mein Freund diese Schmach an und verlässt mich? Alle Briefe, die ich ihm schrieb, konnten ihn nicht zu einer Heirat bewegen. Wie hatte ich mich in ihm nur so täuschen können?

In dieser Zeit stand mir meine Tante sehr nahe. Ich ging mit ihr in die Kirche und nahm auch an den Bibelstunden teil, die in ihrem Haus stattfanden. In Göttingen sollte ich mein Kind zur Welt bringen. Eines Nachts setzten die Wehen ein. Meine Tante brachte mich mit einem Taxi zur Frauenklinik. Sie wich nicht von meiner Seite und tröstete mich, wenn ich am Verzweifeln war und meinte, die Schmerzen nicht länger ertragen zu können. Nach acht Stunden unter kräftigen Wehen wurde mein Sohn geboren. Über das Kind war ich erfreut – es war auch ein sehr schönes, kräftiges Kind –, aber die Umstände waren denkbar schlecht. Meine Familie ließ mich sehr im Stich. Für sie war ich fast eine Fremde geworden. Meine Eltern waren der Meinung, ich hätte ihnen viel Schande bereitet, und sie fürchteten sich auch vor den hässlichen und bösen Zungen der Nachbarn und Bekannten. Meine Mutter überlegte krampfhaft, wie diese Geburt verheimlicht werden könnte, und suchte nach einem Kinderheim. Für mich war dieser Plan schrecklich. Schließlich wurde sie fündig, und so brachte ich mein Baby zu katholischen Schwestern, die sich liebevoll um mein Baby kümmerten. Kein Mensch ahnte, wie elend ich mich fühlte, als ich das kleine Bündel an der Pforte abgab. Ich war froh, dass meine Tante mich von der Klinik wieder mit nach Hause nahm und ich auch weiter bei ihr wohnen bleiben konnte. Jetzt war ich eine Mutter ohne Kind. Ich machte mir auch heftige Vorwürfe, dass ich in die Pläne meiner Eltern eingewilligt und meinen kleinen Schatz in die Hände fremder Menschen gegeben hatte. Nie wieder in meinem Leben habe ich mich so schlecht gefühlt als an diesem Tag im März 1930.

Wieder war es meine Tante, die mir Mut machte. Ja, sie regte auch an, dass das Baby in ihrem Haus getauft werden sollte. Sie würde mir eine schöne Feier ausrichten. Nun fuhr ich ins Kinderheim und holte meinen Jungen ab. Ich fühlte mich auf der Fahrt dorthin sehr schuldig, denn ich war es, die ihr Kind aus den Händen gegeben hatte. Am Sonntag Jubilate sollte die Tauffeier stattfinden, aber jubeln konnte ich an diesem Tag nicht. Von meinen Angehörigen war niemand gekommen, noch nicht einmal mein Bruder, der Pate werden sollte. Gewiss schickte er mir zur Geburt 100 Mark und schrieb, er wünschte, dass sein Neffe auch einmal in seine Fußstapfen treten und Doktor der Chemie werden sollte. Aber solche Wünsche konnten mir meinen Schmerz nicht lindern, dass kein einziger aus meinem Familienkreis als Gast gekommen war. Eingeladen hatten wir sie alle. Ich fühlte mich wie eine Aussätzige und mit meinem Kind von der Verwandtschaft ausgegrenzt. Während der ganzen Feier musste ich weinen, und so mischten sich meine Tränen mit dem Taufwasser. Es war Pfarrer Hilpert, der nach der Taufe das Gespräch mit mir suchte. Er riet mir, meinen Sohn nicht wieder zurück ins Kinderheim zu bringen, sondern bei mir zu behalten, für ihn zu sorgen und ihn auch zu erziehen. „Ihr Friedrich ist ein so schönes aufgewecktes Kind. Mit seinen sechs Monaten schaut er so klug in die Welt und lächelt jeden an, der an sein Körbchen tritt. Behalten Sie Ihren Jungen." Auch meine Tante stellte sich an meine Seite und versprach, mir zu helfen. Ich dürfe weiter mit meinem Baby bei ihr wohnen.

Meine Mutter war über meine Entscheidung nicht glücklich. „Was soll ich den Nachbarn und der Verwandtschaft sagen, wo du verblieben bist", schrieb sie mir in einem Brief. „Bring den Säugling wieder zu den Schwestern ins Heim und komm dann schnellstens nach Hause." Das Unverständnis meiner Mutter versetzte mich in Wut. Das Geschwätz der anderen Leute war ihr wichtiger als mein Kind. So blieb ich mit Friedrich bei meiner Tante. Sie besorgte mir Kundschaft, und ich begann wieder Kleider, Kostüme und Mäntel zu nähen. So konnte ich selbst für unseren Unterhalt sorgen. Aber nach Hause durfte ich mit meinem Baby nicht kommen. Die Schande sei zu groß. So blieb ich noch ein Jahr in dem kleinen Dorf. Erst danach erlaubten mir meine Eltern wieder zu ihnen zu kommen. Friedrich durfte ich nicht in der Öffentlichkeit zeigen, wenn ich zum Kaufmann ging, und er durfte auch nicht im Garten spielen. Der Junge wurde versteckt gehalten. Kein Mensch sollte erfahren, dass ich Mutter geworden war. Aber Friedrich war ein so aufgewecktes Kind, dass er besonders das Herz und die Zuneigung meines Vaters gewann. An einem Montagmorgen packte er den Jungen an der Hand und sagte zu ihm: „So, Friedrich, jetzt gehen wir zum Bäcker Seibold und holen zum Frühstück Brötchen." Meine Mutter war entsetzt, aber Vater ließ sich nun nicht länger von ihr bestimmen: „Ab heute hört die Heimlichtuerei auf. Er ist mein Enkel, und ich stehe zu diesem wunderschönen Jungen. Mir ist es egal, was die andern hinter vorgehaltener Hand schwätzen." Damit war der Bann gebrochen und mein Sohn wurde in die Freiheit entlassen.

Aber mich beschwert noch heute, dass ich mich nicht gegen meine Verwandtschaft durchgesetzt habe und den Jungen sofort zu mir genommen, sondern ihn ins Kinderheim abgeschoben habe. Ich hätte auch nie einwilligen dürfen, dass mein kleiner Schatz über ein Jahr in einem Versteck gehalten wurde. Gott möge mir dies alles verzeihen.

Lange hatte ich still zugehört. „Annette, diese Last dürfen Sie gerne bei Jesus ablegen. Er verzeiht Ihnen alles. Ich kenne ja Ihren Sohn und kann nur Gott danken, dass er ihn wunderbar geführt hat. Sie haben ihn gut erzogen, ihm eine gründliche Ausbildung und ein hervorragendes Studium ermöglicht. Viele Jahre hat er in verantwortlicher Stellung gewirkt. Sie dürfen nun ausgesöhnt sein mit dem Vater im Himmel und seiner Herrlichkeit entgegengehn. Gott hat in Ihrem Leben alles wohlgemacht, dürfen wir mit einem biblischen Wort sagen."

Wie viel Opfer braucht Gott?

Herr Schilling aus Lübeck rief bei mir an. Ich kannte ihn noch nicht, aber er hatte einige meiner Bücher gelesen und hoffte nun, auf eine seiner bedrängenden Fragen Antwort zu erhalten. „Frau Bormuth, ich habe von meinen Eltern ein Grundstück geschenkt bekommen und kann mir nun ein Eigenheim bauen. Da ich selbst Schreiner bin, habe ich die Möglichkeit, einen Teil der Inneneinrichtung selbst fertigzustellen. Auch der Vater meiner Frau ist bereit, uns Geld zu geben. Das wäre dann ein Teil ihres Erbes. Seit Tagen sitze ich über den Schreibtisch gebeugt und rechne mir aus, ob ich das Wagnis eines Hausbaus eingehen soll. Die Bank hat mir ein größeres Darlehen in Aussicht gestellt, aber dann wäre ich verpflichtet, über Jahre hohe Rückzahlungen zu leisten. Das wäre nur möglich, wenn ich meinen Zehnten, den ich bisher in meine Gemeinde gegeben habe, einstellen würde. Meine Frau sagt, sie will auf ihren bisherigen Lebensstandard nicht verzichten. Durch Sparsamkeit könnten wir doch noch einen Teil des Opfers geben. Darf ich dies tun? Wie würden Sie mir raten?"

„Na", antwortete ich, „da stellen Sie mich aber vor schwierige Fragen. Darüber habe ich selbst noch gar nicht nachgedacht und ich bin auch noch nie in einen solchen Konflikt geraten. Diese Frage beschäftigt Sie sehr, und daraus schließe ich, dass es Ihnen ernst ist um das Reich Gottes. Ich nehme an, dass Sie in Ihrer Ehe bisher daran festgehalten haben, den Zehnten Ihres Einkommens Gott für den Bau seines Reiches zur Verfügung zu stellen. Sonst würden Sie derlei Fragen nicht so beschäftigen. Die Gabe des Zehnten ist kein ausdrückliches Gebot wie die Zehn Gebote. Hätten Sie mich gefragt, ob Sie stehlen oder lügen dürfen, dann wäre mir die Antwort leicht gefallen und ich hätte Ihnen mit einem klaren Nein geantwortet. Aber die Bibel macht auch klare Aussagen über unsere Opfer. So heißt es in Maleachi 3,10: ‚Bringet den Zehnten ganz in mein Kornhaus, dass in meinem Hause Speise sei, und prüfet mich hierin, spricht der Herr Zebaoth, ob ich euch nicht des Himmels Fenster auftun werde und Segen herabschütten die Fülle.‘ Der Zehnte ist eine Dankesgabe. Alles, was wir für unser Leben brauchen, ist Geschenk von Gott. Wir empfangen Nahrung, Kleidung und alles andere letztlich aus seiner Hand. Treffend heißt es in dem Lied *Wir pflügen und wir streuen den Samen auf das Land* von Matthias Claudius: ‚Alle gute Gabe kommt her von Gott, dem Herrn.‘ Aber Gott gibt uns noch mehr. Mit der Stunde der Hinwendung zu ihm hat er uns in seine Gemeinde gestellt und uns mit einer hohen Aufgabe betraut. Wir dürfen Mitarbeiter im Reich Gottes sein und dazu beitragen, dass Menschen Jesus Christus kennenlernen und in seine Nachfolge treten. Natürlich fordert diese Arbeit unseren ganzen Einsatz, und ich kenne Christen, die sich das viel kosten lassen. Damit ist aber nicht nur unsere Geldgabe gemeint, sondern vor allem unsere Hingabe im Gebet und im Dienst."

„Das sehe ich genauso wie Sie, Frau Bormuth. Ich habe nämlich die Möglichkeit, in einer Firma zusätzlich an einigen Tagen im Monat einen Wachdienst zu übernehmen. Von diesem Lohn könnte ich die Zinsen an meine Bank bezahlen."

„Und wo liegt Ihr Problem?", bohre ich weiter.

„Meine Frau ist dagegen. Sie will nicht, dass ich noch mehr arbeite, nur um ein Opfer zu bringen. Sie besteht darauf, dass ich den Dauerauftrag an die Gemeinde kündige. Wir hätten bisher genug gegeben, nun sollten erst mal die anderen Mitglieder ihren Anteil beibringen."

„Na, da haben Sie ja noch einen Konflikt am Hals. Nichts ist schlimmer, als wenn Eheleute sich in ihren Entscheidungen uneins sind. Ich würde Ihnen vorschlagen, gemeinsam mit Ihrer Frau zu einer seelsorgerlichen Beratung zu gehen. Ihrer Frau muss die Gemeinschaft mit Gott bedeutsam werden. Damit ist unserem Herrn nicht gedient, dass Sie gegen den Willen Ihrer Frau den Zehnten durchsetzen. Darauf kann kein Segen ruhen. Beten Sie für Ihre Irmgard, dass Gott sie neu mit seinem Geist berührt und sie brennend wird für ihn. Unser Opfer hat nur Bestand, wenn es aus Liebe zu Jesus gebracht wird. Sie müssen mit Ihrer Frau wieder eins werden in der Hingabe an ihn. Letztlich ist nicht die Höhe unserer Gabe entscheidend, sondern unsere Gesinnung. Christus hat sein Leben für uns am Kreuz geopfert, mehr konnte er nicht tun. Damit hat er uns ein Vorbild gegeben, was ein Opfer ist. Wir werden reich beschenkt, wenn wir aus Liebe zu unserem Herrn handeln. Das meine ich nicht nur in Bezug auf den Zehnten, sondern unser ganzes Leben soll ein Dank sein für Golgatha. Die Bibel ermutigt uns: ,Alles, was ihr tut, das tut von Herzen dem Herrn und nicht den Menschen.' Darin liegt der Knackpunkt. Beten Sie für Ihre Frau, lesen Sie mit ihr täglich die Bibel und halten Sie mit ihr gemeinsam Ihre Morgenandacht. Es mag Zeiten geben, in denen wir innerlich müde und träge und dem Wort Gottes gegenüber gleichgültig werden. Aber aus dieser Falle muss Ihre Frau wieder herauskommen. Wenn ihr Leben von der Liebe zu Jesus bestimmt ist, wird sie selbst zu einem Entschluss kommen, was sie Gott geben soll. So ist die Liebe das Entscheidende. Versuchen Sie Ihren Alltag von der Nähe Jesu bestimmen zu lassen, und geben Sie Gott, was Gottes ist. Dabei werden Sie die Erfahrung machen, dass Sie nicht zu kurz kommen. Gott hat noch viel mehr, das er Ihnen geben kann. Es muss uns immer um das Wichtigste gehen, um die Liebe zu unserem Herrn und um den Bau seines Reiches.

Wir haben eine Enkeltochter. Sie studiert Englisch und Theologie in Heidelberg. Dort besucht sie auch den Kreis der Studentenmission. Nun war es der

Gruppe ein Anliegen, wie sie ihre Kommilitonen für Jesus gewinnen könnten, und sie planten einen Semestergottesdienst in der Adventszeit. Dazu hatten sie die größte Kirche in Heidelberg ausersehen. Leider stellten sie fest, dass die Akustik in diesem Gotteshaus nicht zufriedenstellend war. So überlegten die jungen Menschen, wie dieses Problem zu beheben sei, und holten Angebote von Firmen ein, die eine gute Anlage installieren sollten. Sie erschraken aber, als sie erkennen mussten, wie teuer diese Ausgabe war, nämlich 800 Euro. Sie waren ja nur ein kleiner Kreis. Sollten sie aus Geldnot ihr Vorhaben absagen? Nein, sie verlegten sich aufs Beten. Manch einer der Studierenden opferte für diesen Anlass mehr, als sein Budget eigentlich hergab. Sie waren zwar ratlos, hielten aber an ihrem Auftrag fest, das Evangelium auszurichten. Eine Studentin aus diesem Kreis kam zu der Erkenntnis, die Deichmann-Stiftung anzuschreiben. Vielleicht könnte sie einen Teil der Geldsumme übernehmen. So verfassten die jungen Christen unter viel Gebet einen Brief mit der Bitte um Unterstützung und warteten gespannt, wie Gott ihren Konflikt lösen würde. Prompt kam die Antwort. Ohne großen bürokratischen Aufwand wurde den Studenten mitgeteilt: ‚Gern übernehmen wir die Installierung der Übertragungsanlage in voller Höhe. Wir freuen uns über den Einsatz, den Sie an Ihrer Universität leisten, und erbitten Ihnen dazu Gottes reichen Segen.‘ Dieser Adventsgottesdienst wurde für die Mitarbeiter zu einem wunderbaren Erleben und sie durften mit Freude ihren Mitstudenten Gottes vollmächtiges Wort verkündigen. Die Kirche war bis auf den letzten Platz besucht.

Ihnen, lieber Herr Schilling, würde ich raten, so lange mit dem Hausbau zu warten, bis Sie und Ihre Frau grünes Licht erhalten haben, wie Sie handeln sollen. Ich will Sie gerne in Ihrem Anliegen betend begleiten."

Ein Zollinspektor begegnet Jesus

Lukas 19,1-10

Eine große Menschenmenge versammelt sich auf den Straßen von Jericho. Dicht gedrängt steht sie beieinander und wartet auf Jesus, der heute durch Jericho reisen soll. Unter ihr ist auch Zachäus. Ihn bewegt die Angst: Werde ich überhaupt Jesus sehen können vor all den Massen, die ihn erwarten? Er war von kleiner Statur, und so war seine Befürchtung begründet. Und doch wollte er unbedingt dem Mann begegnen, von dem die ganze Welt sprach. Kranke heilte er von ihren Gebrechen. Ja, man erzählte von ihm, dass Blinde sehend geworden waren und Taube hörend. Einer Witwe hatte er sogar ihren Sohn wieder zum Leben erweckt, als sie schon hinter dem Sarg her auf dem Weg zum Friedhof unterwegs war. Solche Wunder hatte es in Jericho zuvor noch nie gegeben. Und dann wird von ihm gesagt, er sei der Gottessohn. Ist das denn überhaupt möglich? Eine kaum zu beschreibende Sehnsucht erfasst ihn zu diesem Jesus, den sie Christus nennen. Aber nun schreckt ihn doch der Hochbetrieb, und er fürchtet, dass er diese so lange ersehnte Begegnung verpassen wird. Aber Zachäus ist ein cleverer Mann. Er kommt auf die Idee, auf einen Maulbeerbaum zu klettern. Und als Jesus in die Stadt einzieht, läuft er, so schnell ihn seine Füße tragen, zu diesem Baum und steigt bis hoch in die Spitze. Nun hat er einen guten Blickwinkel, den ihm kein Mensch verbauen kann. Hier muss der Gottessohn vorbeikommen. Von dieser Höhe hat er den besten Ausblick.

Und dann geschieht das Wunder. Jesus bleibt sogar direkt vor ihm stehen, schaut auf das Geäst hinauf und ruft ihm zu: „Zachäus, komm sofort herunter, denn ich muss heute in deinem Hause einkehren." Hat er recht gehört? Ist das wahr? Jesus will sein Gast werden? Eine größere Ehre hätte ihm, dem Zollinspektor, nicht geschehen können. Schnell wie ein Wiesel steigt er vom Baum herab und eilt zu Jesus. Er will ihn in sein Haus führen. Aber nun erhebt sich lauter Protest. Die Umstehenden haben dieses Gespräch wahrgenommen. Sie sind empört, denn sie kennen den hohen Herrn vom Zoll, der ihnen immer zu viel Geld abgeknöpft hat. Ein Gauner ist dieser Zollinspektor, ein mieser, gemeiner Kerl. Wie kann es nur sein, dass Jesus gerade bei einem solchen Abzocker und Betrüger einkehren will? Das ist doch der schlimmste Verbrecher, den die Stadt aufzubieten hat.

Auch Zachäus wird sich seiner Schuld bewusst. In der Begegnung mit dem Gottessohn weiß er sich durchschaut. Wie in einem Film läuft sein Leben an ihm vorüber und er wird sich jeder gemeinen Tat bewusst. Reich ist er geworden, sogar sehr reich, aber dies immer auf Kosten der anderen, die an seinem Stadttor vorübergehen mussten. Ihm bleibt keine andere Wahl. Er muss die Vergehen offen zugeben, und so wird Zachäus bereit, seine Schuld vor dem Gottessohn in Ordnung zu bringen.

Wer in die Verbindung mit Christus tritt, kann nicht in seiner Sünde verharren, sondern darf eine totale Veränderung erfahren. Angesichts des Reinen, Erhabenen gibt der Zollinspektor zu, dass er betrügerische, böse Geldgeschäfte getätigt hat, und er wird bereit, so viel liegt ihm daran, alles wiedergutzumachen. Unrechtmäßig erworbenes Geld will er wieder zurückgeben. Die Hälfte seines Besitzes – und das ist sehr viel – will er an die Armen verteilen. Und wenn er jemanden über den Tisch gezogen hat, dann will er ihm das Vierfache erstatten. Er kann nicht so mit seiner Schuld weiterleben, sondern will alles, was er sich unrechtmäßig unter den Nagel gerissen hat, vielfältig erstatten. Das sind mutige Entscheidungen, die Zachäus Auge in Auge mit Jesus trifft. Er begreift: Ich bin abgrundtief verloren, wenn ich nicht von meinem verderblichen Weg umkehre und eine Erneuerung erfahre. Bei Jesus muss alte Schuld ans Licht kommen. Die Beschwernisse, die sein Gewissen belasten, will er Jesus beichten. Die Knechtschaft der Sünde muss nun ein Ende haben. Wie heißt es in der Bibel? „Wer Sünde tut, der ist der Sünde Knecht." Wer aber seine Schuld bekennt, dem wird sie auch verziehen. Jesus ist in unsere Welt gekommen, um zu retten, was verloren ist. So darf auch Zachäus die heilende Kraft der Vergebung erfahren.

„Heute ist diesem Hause Heil widerfahren!", ruft Jesus aus. Größeres kann nicht von einem Menschen gesagt werden.

Aber diese Geschichte will auch uns in die Begegnung mit Christus stellen. Auch wir müssen unser Leben ändern, wenn wir schuldig geworden sind. Wer vor dem erhabenen Gottessohn steht und ihm in die Augen schaut, weiß sich bis ins Innerste durchdrungen, und alte Schuld steht plötzlich vor ihm. Bei Jesus wird Sünde konkret. Darüber wächst kein Gras, und es ist uns manchmal schon ärgerlich, weil wir immer wieder mit unserer Nase auf schuldhaftes Geschehen gestoßen werden. Wir müssen vor Jesus zugeben: Herr, wir sind zutiefst sündig gewordene, verdorbene, gescheiterte Existenzen. So wie wir in unserem Wesen sind, können wir nicht die Nähe Jesu aushalten. Jesus und wir, wir passen einfach nicht zusammen. Wie hat Petrus ausgerufen, als er das Wunder eines riesigen Fischfangs erlebt hat? „Herr, gehe von mir hinaus, ich bin ein sündiger Mensch." Das ist eine schmerzliche, und doch heilsame Erfahrung.

Von Spurgeon, der ja der Fürst unter den Predigern genannt wird, will ich erzählen, wie er die Begegnung mit Jesus erlebt hat.

Er schreibt dazu: „Mein Herz war Brachland und mit Unkraut bedeckt. Aber eines Tages kam der große Bräutigam und begann, meine Seele zu pflügen.

Er kam mit zehn schwarzen Pferden; er benutzte eine Pflugschar und zog tiefe Furchen. Die schwarzen Pferde waren die Zehn Gebote, und das war die Gerechtigkeit Gottes, die mein Gewissen wie eine Pflugschar aufriss. Das Evangelium mit seinen Verheißungen konnte ich noch nicht fassen. Es blickte mich finster an. Nur eine Hoffnung hatte ich, eine einzige, einen Zufluchtsort in meiner Not: Jesus! Jesus! Jesus! Er allein war der Zufluchtsort gegen den Sturm. Ich erinnere mich noch an mein erstes ernsthaftes Gebet. Ich sah mich vor Gott stehen in seiner unmittelbaren Gegenwart, und ich sprach zu mir selbst: ‚Ich hatte von dir nur vom Hörensagen vernommen, aber nun hat mein Auge dich gesehen. Daher spreche ich mich schuldig und tue Buße in Staub und Asche.‘

Ich war voller Reue und mir kamen die Worte über meine Lippen: ‚Gott, sei mir Sünder gnädig. Meine Knochen wurden krank durch mein tägliches Seufzen. Die Hand Gottes lag Tag und Nacht schwer auf mir. Meine Trauer war übervoll.‘

Während der vielen Monate, die ich in diesem Zustand lebte, las ich immer wieder die Bibel. Besonders bedrückte es mich, wenn das Gesetz mir seinen Spiegel vorhielt.

Wenn das Gesetz sagte: ‚Du sollst nicht ehebrechen!‘, und ich antwortete: ‚Ich habe noch nie die Ehe gebrochen‘, antwortete mir das Gesetz mit Jesu Worten: ‚Wer eine Frau ansieht, ihrer zu begehren, der hat schon in seinem Herzen mit ihr die Ehe gebrochen.‘

Wenn das Gesetz sagt: ‚Du sollst nicht stehlen!‘, und ich antworte: ‚Nun, ich habe noch nie gestohlen', dann entdecke ich, dass das Verlangen nach dem, was nicht mein Eigentum war, Sünde ist. Die geistige Natur des Gesetzes verblüffte mich. Während der vielen Monate, die ich in diesem Zustand lebte, las ich immer und immer wieder die Bibel. Aber ich fand keinen Trost, weil selbst meine allerbesten Taten sündig waren.

Ich weinte und wusste, dass ich Vergebung von Gott für mein Tun nötig hatte. Dann aber nahm mich der Heilige Geist bei der Hand und führte mich an einen einzigartigen Ort. Als ich dort stand, erschien vor mir plötzlich Jesus am Kreuz. Ich blickte auf und sah seine Augen voller Tränen, ich sah sein Blut fließen, ich sah, wie seine Feinde ihn in den Tod stießen, ich sah sein unaussprechliches Elend, ich hörte sein Stöhnen, das niemand beschreiben kann. Und als ich zu ihm aufblickte, öffnete er seine Augen und sagte zu mir: ,Der Sohn des Menschen ist gekommen, um zu suchen und selig zu machen, was verloren ist.'

Und doch konnte ich diese Wahrheit nicht fassen. Ich fürchtete, Gott würde mich wegen meiner Sünde in seinem heißen Zorn verbrennen. Ich war verzweifelt. Aber dann war es dieser Satz, der mich vor dem Selbstmord bewahrte: ,Wer den Namen des Herrn anrufen wird, der soll gerettet werden.' So lernte ich beten: ,O Gott, ich berufe mich auf dein Versprechen. Ich öffne mein Herz zum Gebet. Kannst du gerecht sein und den Sünder verdammen, der dich wirklich bei deinem Namen ruft?'

Und dann kam ein Tag, ein bemerkenswerter Tag, der sich für immer in mein Gedächtnis eingraben wird. Ich sah meinen Freund, Jesus Christus, am Kreuz hängen. Ich bückte mich in traurigem Entsetzen nieder und schaute ihn an. Ich sah, dass seine Hände mit großen, eisernen Nägeln durchbohrt waren, auch seine Füße. Auf seinem toten Antlitz stand das Elend, so schrecklich, dass ich kaum wagte, ihn anzuschauen. Sein Körper war ausgemergelt, sein Rücken rot mit blutigen Striemen, sein Haupt hatte rundherum Wunden, die Dornenkrone hatte sich tief eingedrückt. Ich erschauderte, denn ich begriff, ich war mitschuldig, dass Jesus an das Fluchholz gebracht worden war. So machte ich mich auf die Suche nach dem Evangelium, und es war das gepredigte Wort, das mich rettete. Vielleicht würde ich heute noch in Dunkelheit und Verzweiflung leben, hätte Gott in seiner Güte damals nicht einen Schneesturm gesandt, der mich auf dem Weg zum Sonntagsgottesdienst überraschte. Ich suchte in einer Kapelle der Methodisten Zuflucht. Darin saßen etwa 15 bis 20 Menschen. Ich hatte von den Methodisten gehört, sie würden so laut singen, dass man Kopfschmerzen davon bekäme. Aber das störte mich nicht. Ich wollte wissen, wie ich gerettet werden könnte, und wenn sie mir dies sagen konnten, dann waren mir die Kopfschmerzen egal. An diesem Morgen kam der Prediger nicht. Vermutlich war er eingeschneit. Schließlich stand ein sehr schmaler Mann auf und ging nach vorne auf die Kanzel, um zu predigen. Dieser Mann war sehr schlicht und einfältig. Er musste bei seinem Text bleiben, der hieß: ‚Schaut auf mich, und ihr werdet gerettet werden, all ihr Enden der Erde.‘ Und er predigte:

‚Meine lieben Freunde!
Dies ist in der Tat ein sehr einfacher Text. Er sagt: Schaut! Nun ist Schauen nicht allzu schmerzhaft und anstrengend. Du musst nicht einmal deinen Finger oder deinen Fuß dafür heben. Nur schauen! Nun, ein Mensch muss nicht zur Universität gehen, um sehen zu lernen. Du kannst der größte Trottel sein, und trotzdem kannst du sehen. Ein Mensch muss nicht Tausende im Jahr verdienen, um sehen zu können. Jeder kann sehen, sogar ein Kind kann sehen. Aber dann sagt der Text: Schaut auf mich! Nun, viele von euch schauen auf sich selbst, aber das hat keinen Sinn. Ihr findet keinen Trost in euch selbst. Ich sage euch: Schaut auf Christus! Jesus sagte: Schaut auf mich! Schaut auf mich, ich hänge am Kreuz! Schaut auf mich, ich bin tot und begraben worden! Schaut auf mich, ich bin wieder auferstanden! Schaut auf mich, ich bin gen Himmel gefahren! O Sünder, schau auf mich! Schau auf mich!‘
Zehn Minuten predigte er auf diese Weise. Dann sah er mich auf der Galerie sitzen. Er richtete seine Augen auf mich, als würde er mein ganzes Herz kennen. Dann sagte er: ‚Junger Mann, Sie werden immer elend sein, elend im Leben und elend im Tode, wenn

Sie diesem Vers nicht gehorchen. Aber wenn Sie jetzt, in diesem Augenblick, gehorsam werden, dann werden Sie gerettet.'

Dann rief er mit aufgehobenen Händen: ‚Junger Mann, schau auf Jesus Christus! Du musst nichts tun, als nur zu schauen. Dann wirst du leben.'

Plötzlich erkannte ich den Weg der Erlösung. Ich hatte erwartet, fünfzig Dinge tun zu müssen, aber als ich dieses Wort hörte: Schau!, da kam es mir vor wie das schönste Wort der Welt. Ach, ich hätte mir die Augen aus dem Kopf schauen können. Die Dunkelheit wich, der Schleier fiel mir von den Augen, ich sah die Sonne. Meine Ohren haben gehört und mein Herz hat erlebt, Christus ist der eingeborene Sohn des Vaters. Er ist Gott, denn er tat für mich, was nur Gott tun kann. Er unterwarf sich meinen störrischen Willen, er schmolz mein steinernes Herz, er brach die stählernen Ketten, er öffnete die Gefängnistore und eisernen Riegel, er hat mein Weinen in Lachen verwandelt und meine Verzweiflung in Freude. Er hat meine Gefangenschaft beendet und erfüllt mein Herz mit unbändiger Freude. Gesegnet sei sein heiliger Name."

Zu weit hinausgefahren

Es gibt eine wunderschöne Geschichte des amerikanischen Schriftstellers und Nobelpreisträgers Ernest Hemingway: „Der alte Mann und das Meer." Mit diesem großartigen Werk moderner Erzählkunst wurde Hemingway weltberühmt. Er beschreibt darin sein Ringen um Anerkennung, Erfolg und Ansehen. Es ist seine Geschichte, sein Leben. Er will etwas Großes vollbringen, strebt Sicherheit und Wohlstand an und muss am Ende seiner Tage einsehen, dass ihm vieles unter den Händen zerrinnt. Es ist die Geschichte eines Mannes, der zugeben muss: Ich bin gescheitert.

Die Erzählung beginnt mit dem Satz: „Es war ein alter Mann, der allein in einem kleinen Boot im Golfstrom fischte, und er war jetzt 84 Tage hintereinander hinausgefahren, ohne einen Fisch zu fangen." In diesen wenigen Worten wird schon die schreckliche Tragik angekündigt. Da ist ein Mensch, der nur von dem einen Gedanken beseelt ist: Ich will etwas Gewaltiges vollbringen. Ich will einen Fang an Land bringen, um den mich die Menschen beneiden müssen. Einmal, nur einmal möge mir das Glück hold sein und Erfolg bescheiden. Ich möchte so gerne ein Prachtstück von einem Fisch an Land ziehen und es dann stolz allen andern Fischern zeigen. Sie würden es ansehen und staunen. Wie ein Lauffeuer würde sich die Nachricht von Mann zu Mann ausbreiten: „Hast du schon gehört, der Alte hat ein Ungeheuer von Fisch an der Angel. Komm, schau es dir einmal an! Eineinhalb Zentner ist die Ausbeute schwer."

Schon immer hat dieser alte Fischer davon geträumt, dass ihm ein solcher Fang gelingen möchte. Dafür hat er sich abgerackert, abgeschuftet und geschunden. Alt ist er darüber geworden. An seinem Leib konnte man die Wunden und Striemen sehen, die ihm im Ringen um einen glücklichen Fang zugefügt wurden. Er hatte Wind und Wetter getrotzt und war fast darüber zugrunde gegangen. Hager und ausgemergelt, mit tiefen Falten im Nacken ging er seiner gefährlichen Arbeit nach. Noch immer hatte er die Hoffnung: Einmal werde ich es schaffen. Aber der alte Fischer kam jedes Mal mit seinem Boot leer zurück.

Und dann geschah eines Tages dieses Wunder. Im Morgengrauen hatte ein Riesenfisch angebissen. Der Alte musste alle Kräfte einsetzen, um dieses Ungetüm an Land zu bringen. „Fisch", sagte er leise und doch vernehmlich, „ich bleibe bei dir, bis ich tot bin, und ich nehme an, dass du auch bei mir bleiben wirst." Ob wohl in dieser Äußerung schon die Angst mitsprach, dass ihm sein Tun misslingen könnte? Der Alte wartete, bis es hell wurde und die Sonne am Horizont aufging. Erst dann konnte er mit seiner Arbeit beginnen. Allein, ganz allein saß der Fischer im Boot, und es erhob sich ein Kampf zwischen Mensch und Tier, wie er ihn bis dahin noch nie gekannt hatte. Der Fisch spürte den Haken in seinem Schlund, wehrte sich, wollte der Todesleine entfliehen, aber es war schon zu spät. Er blieb gefangen. „Koste es, was es wolle, von diesem Widerhaken kommst du mir nicht los", sagte der Alte. „Der Himmel helfe mir, ich muss diesen herrlichen, einmaligen Fang ans Ufer bringen."

Heftig setzte der Fisch mit seiner Gegenwehr ein. Er kämpfte gegen das aufbrausende Meer und den scheußlichen Widerhaken an. Rot färbten sich die Wellen vom Blut des Tieres. Plötzlich aber schreckte der Alte auf. Durch das frische Blut angelockt, näherten sich die Haie in ganzen Rudeln und wollten ihm die Beute abspenstig machen, die er schon sicher zu haben glaubte. In schnellen Bewegungen kreisten die Haie um das kleine Boot. Erst war es nur ein Hai, dann aber wurden es immer mehr. Ein zähes Ringen setzte ein. Der Alte wollte um keinen Preis den Fang aufgeben. Darüber geriet er selbst in Todesgefahr. Er hoffte, betete, glaubte, rackerte sich ab, um sein gestecktes Ziel zu erreichen. „Ich will mit meiner Beute ans Ufer gelangen. Ich will es schaffen!", sprach er sich selbst Mut zu. Aber seine Lage war verzweifelt böse. Die Raubfische ließen sich nicht verjagen, so sehr er auch auf sie einschlug.

Schon sah er den Widerschein von den Lichtern der Stadt. Er steuerte zielstrebig auf sie zu. „Bald habe ich es geschafft", dachte er voller Hoffnung. Aber bestand nicht die Gefahr, dass die Haie ihn anfielen und sich wie Bestien gebärdeten? Würde er sich ihnen widersetzen können? Er war ganz wund und steif, und seine geschundenen Stellen am Leibe schmerzten in der Kälte der Nacht. Im Stillen sagte er sich: „Hoffentlich brauche ich nicht noch einmal zu kämpfen." Aber die Raubfische kamen wieder, und irgendwann gab er seinen Kampf auf. Die Haie ließen sich nicht mehr abwehren. Sie stürzten sich auf seinen Fisch. Er schlug mit Keulen auf ihre Köpfe und hörte ihre Kiefer zuhacken. Tief bissen sie sich in seinen Fisch ein und gaben nicht eher Ruhe, bis sie riesige Fleischstücke losgerissen hatten. Nun wusste der Alte, dass sein Einsatz zwecklos war. Er musste sich geschlagen geben. Als nichts mehr an seinem Fisch dran war, zog auch der letzte Hai ab. Es gab nun nichts mehr für ihn zu fressen.

Fassungslos saß der Fischer in seinem Boot. Er spuckte in den Ozean und sagte leise vor sich hin: „Fresst euch satt, ihr Räuber, und denkt daran, dass ihr einen Mann getötet habt."

Mit letzter Verzweiflung kam der Alte am Ufer an. Statt eines großartigen Fanges baumelte nur noch ein Gerippe von Fisch an seiner Leine. Alles war ihm unter seinen Händen geraubt worden. Ein elendes, scheußliches, kahl gefressenes Skelett machte ihm die Sinnlosigkeit seines Tuns bewusst. Resigniert sagte er zu sich selbst: „Du bist müde, alter Freund, du bist im eigenen Wagnis zu weit hinausgefahren und bist gescheitert." Er blieb einen Augenblick am Boot stehen und schaute zurück. Er sah in der Spiegelung der

Straßenlaterne den großen Schwanz des Fisches hoch über das Heck des Bootes ragen. Er sah die nackte, weiße Linie seines Rückgrats und die dunkle Masse des Kopfes mit dem hervorstehenden Schlund und all die Nacktheit dazwischen.

In dieser Kurzgeschichte setzt Ernest Hemingway sich mit der Suche nach dem Sinn des Lebens auseinander. Auch er hat viele vergebliche Anstrengungen hinter sich. Und obwohl er ein so bedeutender, befähigter Schriftsteller war, hat er doch den Sinn seines Daseins nicht finden können. Er wollte Großes vollbringen, ist aber, um es mit seinen eigenen Worten zu sagen, „zu weit hinausgefahren". In dem Bemühen darum, die Sinnfrage in seinem Leben zu klären, hat er in der falschen Richtung gesucht. So konnte er den Halt in seinem Leben nicht entdecken, wie sehr er sich auch anstrengte. Schließlich sah er sein Scheitern vor Augen und ist in eine tiefe Depression gestürzt, die ihn dann in den Selbstmord trieb. In der Frühe des 2. Juli 1961 ging er in seinem Jagdhaus in die untere Etage – seine Frau schlief noch –, holte sich sein Lieblingsgewehr, eine mit Silber eingelegte, speziell für ihn angefertigte Jagdflinte aus dem Ständer und setzte seinem Leben ein Ende.

Es ist eine Tragik, dass ein solch hervorragender Schriftsteller auf so schreckliche Weise aus dem Leben schied. Was hätte er noch Herausragendes leisten können? Mich hat die Erzählung „Der alte Mann und das Meer" sehr bewegt und nachdenklich gemacht. Ist Hemingways Geschichte nicht die Erfahrung vieler Menschen? Vielleicht auch unsere Geschichte? Sind wir nicht alle auf der Suche nach Glück, Lebenserfüllung, Freude, Gewinn, Macht, Anerkennung und Ruhm? Wo finden wir das sichere tragfähige Fundament, auf das wir uns gründen können? Was ist der wahre Sinn des Lebens, und wo kann ich ihn entdecken? Dieser Frage sollten wir nachgehen.

Bei diesen Überlegungen klang mir gleich das Wort Jesu in den Ohren: „Was hülfe es dem Menschen, wenn er die ganze Welt gewönne und nähme doch Schaden an seiner Seele?" (Matthäus 16,26). Wie vielen Menschen ist der Sinn des Lebens verloren gegangen. Sie resignieren und fragen erst gar nicht danach. Die Bedeutung des Sinns wird verdrängt. Im Kampf um die Existenz nehmen anscheinend wichtigere Fragen den Platz ein. Aber geht es den Menschen nicht so wie dem alten Fischer, dem letztlich nur ein kahl gefressenes Gerippe übrig blieb?

Bei meiner ehrenamtlichen Tätigkeit in der Telefonseelsorge, wo ich mich besonders um Schwermütige und Selbstmordgefährdete mühte, erfuhr ich immer wieder, dass Menschen sehr schnell sagten: Ich sehe keinen Sinn mehr in meinem Dasein. Am besten ist es, ich steige aus diesem Leben aus. Wozu sich abquälen und abplagen? Für viele Menschen hat das Leben seine Anziehungskraft, seinen Reiz und seinen Wert verloren. Dabei ist das Leben das höchste Gut, mit dem wir von unserem Gott beschenkt werden. Diese einmalige Gabe ist aber auch zugleich mit einer Aufgabe verbunden. Wir sollen diese Welt gestalten und bewahren.

Was aber legt sich wie eine dunkle Wolke auf das Gemüt vieler Menschen? Liegt es vielleicht daran, dass der Kontakt vom Geschöpf zum Schöpfer verloren gegangen ist? Viele fühlen sich wie in ein Nichts gestoßen. Sie wollen nicht weiterleben und klagen: Warum muss ich mich durch meine Tage mühen, wo ich dieses Leben nie selbst gewählt habe? Ich muss diese Zeit auf der Erde durchhalten, und keiner hat mich je danach gefragt, ob ich denn überhaupt leben wollte. Sie haben richtig erkannt: Wir sind zu weit hinausgefahren. Die Beziehung zum Ursprung ihres Lebens, zu ihrem Schöpfer ist nie aufgebaut worden. So irren sie in dieser Welt umher und finden nirgends ein Zuhause.

An dieser Stelle setzt Gottes Rettungsaktion ein. Vom Himmel her hört er das Klagen und Schreien der Menschen und wendet sein Ohr nicht ab. Seine Augen sehen auf die, die sich leichtfertig über die Grenze hinausgewagt haben, und er leidet mit ihnen. Er sinnt nach einem Ausweg. Jesus Christus, seinen eigenen Sohn, reißt er sich vom Herzen und sendet ihn als Heiland und Retter in diese Welt. Er kommt denen, die zu weit hinausgefahren sind, schon entgegen, dass er ihnen Sinn, Hoffnung, Heimat und Zukunft gebe. „Suchet mich, so werdet ihr leben!", ruft Gott uns zu.

In Jesus Christus ist es möglich, die Verbindung zu Gott zu knüpfen. Christus hat am Kreuz sein Leben geopfert, damit er uns mit dem Vater im Himmel wieder versöhnte. So gelangen wir an das Ziel unseres Daseins, wenn wir wieder den Vater kennen. Wir sind nach dem Plan des Schöpfers nicht bloß auf diese Zeit hin angelegt, sondern auch für die Ewigkeit. Deshalb bleibt auch unser Sehnen so lange ungestillt, bis in der Begegnung mit Christus die Ewigkeit in unser Leben kommt. Dann erst bricht die wahre Freude an. Wie ein Kind kann ich zu Gott beten:

„Lieber Vater im Himmel! Ich muss dir bekennen, dass ich mich von dir gelöst habe. Ich bin zu weit hinausgefahren, um mir meine Wünsche und Sehnsüchte zu erfüllen. Ich habe dich und deine Gebote außer Acht gelassen und bin an dir schuldig geworden. In meinem Streben nach Anerkennung, Macht, Geld und Selbstverwirklichung warst du mir im Wege. Verzeih mir bitte alle meine Irrwege! Durch das Opfer deines Sohnes am Kreuz lass mich wieder mit dir versöhnt sein. Vergib mir alle meine Sünden. Von jetzt an will ich mit dir leben. Hab Dank, Vater im Himmel, dass dies möglich ist. Amen!“

Wer so neu beten lernt, muss nicht verzweifeln. Er findet beim Vater im Himmel ein neues Zuhause.

Von einer jungen Mutter will ich erzählen. Die Einsamkeit ist das Problem in ihrem Dasein. Ich lasse sie selbst zu Wort kommen:

„Vor zwei Jahren gab es in unserer Ehe viel Streit

um unsere hohen Autoschulden, um die zänkische Schwiegermutter, um die ‚nette Kollegin‘, mit der mein Mann öfter mal ein Wochenende zubrachte. Als ich ihm deshalb Vorwürfe machte, verließ er die Familie und mietete sich ein Appartement und zog später zu seiner Geliebten. Eines Tages reichte er die Scheidung ein. Nun stehe ich vor einem Berg von Scherben und weiß nicht, wie ich sie beseitigen soll. Das Geld reicht hinten und vorne nicht. Unser neu erbautes Haus muss wohl verkauft werden; denn die Bank hat da ihre eigenen Methoden. Aber was wird aus mir und den Kindern? Die Wohnungsnot ist riesengroß in München. Muss ich da auf der Straße bleiben? Auf die Dauer halte ich auch das Alleinsein nicht durch. Wenn ich abends im Bett liege, reicht keine Hand zu mir herüber und streicht mir übers Haar. Kein Mund küsst meine Lippen. Kein liebendes Wort dringt an mein Ohr. Mich verlangt nach Verständnis; ich sehne mich nach Zärtlichkeit, ohne sie kann ich es nicht aushalten. Ich bin eine Frau und brauche Zuwendung und Liebe. Ich habe nun einen Partner gefunden, der mir meine Bedürfnisse befriedigen könnte und der mir auch gefallen würde. Er hat mir versprochen, mich zu heiraten. Aber für meine beiden Kinder will er keine Verantwortung übernehmen. Das sei ihm zu riskant. Ich habe schon überlegt, ob ich meine Töchter zu meiner Mutter gebe, damit sie sie großzieht, aber so ganz wohl ist mir nicht bei diesen Überlegungen. Ich liebe meine beiden Schätzchen, und der Gedanke, sie um meines Partners willen aufzugeben, bereitet mir Pein. So werde ich wohl allein leben müssen. Mir bleibt nur ein Weinen und die Sehnsucht, aus dieser Einsamkeit zu entschwinden.

Oft werde ich von schwermütigen Gedanken und schrecklichen Zweifeln geplagt, dass ich mir schon manchmal das Leben nehmen möchte. Ich wüsste auch, wie ich es mache. Ich nehme Anja und Elisabeth ins Auto, trete aufs Gas und rase los. Irgendwo würde ich an einem Brückenpfeiler oder an einer Mauer zerschellen. Das sähe dann wie ein Unfall aus, und in der Todesanzeige wäre zu lesen: Durch ein tragisches Geschick verloren wir unsere liebe Tochter und unsere herzallerliebsten Enkelkinder."

Was sollte ich dieser alleinerziehenden Mutter sagen? Ihr Kummer und Herzeleid waren groß. Oft ist es den Bedrückten schon eine kleine Erleichterung, wenn sie sich die Not von der Seele reden können und ihre Klage auf ein hörbereites Ohr und ein mitfühlendes Herz stößt. Bei dieser Mutter stellte ich zunächst die Kinder in ihr Blickfeld. Ein Partner, der nicht die Kraft aufbringt, auch die Töchter in seine Liebesbeziehung einzubinden, ist nicht der rechte Ehemann.

Aber ich will nicht verschweigen, dass ich mir bei diesem Gespräch recht hilflos vorkam. Ich empfand den Schmerz des Verlassenseins an mir selbst. So betete ich: „Herr Gott, schaffe du bei dieser Mutter neuen Lebensmut. Lenke ihr Denken und Trachten zu dir hin."

Nur von Gott konnten der Trost und die Hilfe kommen. „Suchet mich, so werdet ihr leben!", sagt Gott. Lebensmut kommt nicht aus dem Erfolg, nicht aus dem Lusterlebnis, nicht aus flüchtigem Glücksempfinden. Alle diese Erfahrungen sind zwar schön und erfreuen auch einen Menschen kurzfristig. Aber sie dringen nicht in die Tiefe und halten nicht in Belastungen und Herausforderungen stand, wie sie das Leben an uns stellt. „Suchet mich!" Darin liegt die Hilfe. Das Geschöpf braucht wieder den Kontakt zu seinem Schöpfer, nur so findet es Sinnerfüllung. In der Liebe, wie sie nur Gott geben kann, werden wir heil und sind wir geborgen. Wir sind auch nicht nur auf das Erdenleben hin angelegt, sondern auf Dauerhaftigkeit, ja Ewigkeit. Schon der atheistische Philosoph Friedrich Nietzsche kann in einem Gedicht sagen: „Alle Lust will Ewigkeit, tiefe, tiefe Ewigkeit." Wir brauchen die Berührung mit dem Göttlichen, wenn unser tiefes Sehnen zur Ruhe kommen soll.

In Jesus Christus ist uns diese göttliche Berührung geschenkt; denn er ist der Gottessohn. Er kam in diese Welt, damit wir leben sollen, ewig leben können. Wer seinen Willen diesem heiligen Willen unterordnet, wer eine enge Verbindung mit ihm knüpft, ist nicht allen Schwierigkeiten enthoben. Nein, er leidet in dieser Welt noch an Krankheit, an Unfall, an Enttäuschung, ja an Sterben. Ihn trifft eine Verleumdung oder eine seelische Verletzung genauso hart wie jeden anderen. Arbeitslosigkeit, der Verlust von Kindern, Wohnungsnot und Entbehrung machen ihm zu schaffen. Aber er hat einen Freund zur Seite, der diese Lasten auf seine starken, göttlichen Schultern packt, und so verliert er nicht den Mut. Eine solche Erfahrung macht einen Menschen tapfer, und er nimmt diese Bedrängnisse an. Mitten in seiner Angst erfährt er die Tröstung durch Christus.

Ich werde an dieser Stelle an eine wunderschöne Erzählung aus dem Neuen Testament erinnert: Die Sünderin. Sie gehört für mich zu den ergreifendsten und bedeutungsvollsten Geschichten der Liebe. Immer wenn ich sie lese, bin ich bewegt. Jesus wird in das Haus eines Pharisäers eingeladen und sitzt mit ihm an einem Tisch. Ein herrliches Festmahl ist gerichtet und es herrscht eine frohe Stimmung. Alle sind bester Laune. Plötzlich aber entsteht Unruhe unter den vornehmen Gästen. Eine etwas sonderbare, heruntergekommene Frau betritt den Raum. Sie gehört zu den Außenseitern der Gesellschaft, zu den Abgeschriebenen, um die ein jeder am liebsten einen weiten Bogen macht, denn sie ist als Dirne stadtbekannt. Viele Männer kennen sie von der Nacht her, aber am Tag verschließen sie ihre Augen vor ihr und sie ist ihnen fremd. Wie leer, wie ausgebrannt muss sich ein Mensch fühlen, wenn er auf diese Weise gemieden wird. Nun hat diese „Sünderin", wie sie genannt wird, von Jesus, dem Gottessohn, gehört. Sie begreift: Wenn mir einer in meinem Elend helfen kann, dann ist er es; denn er schenkt Blinden das Augenlicht, Besessene werden frei, Lahme können gehen, und Aussätzige werden rein. Durch sein vollmächtiges Wort bewirkt dieser Jesus von Nazareth Heilung. Schuldig gewordenen spricht er die Vergebung zu.

Mit aller Macht zieht es diese Frau zu ihm hin. Von seiner selbstlosen Liebe ist sie erfüllt. Seine Augen schauen sie freundlich an. Sofort wird ihr bewusst: Jesus und ich, wir passen nicht zusammen, und doch steht er zu mir. Bitterlich fängt diese Frau an zu weinen. Ihre Tränen rinnen über Jesu Füße. Diese trocknet sie mit ihrem langen Haar, küsst seine Füße und salbt sie mit teurem Öl.

Alle in der Festrunde sind empört. Was will diese elende, heruntergekommene Hure unter unserem Dach? Sie stört die Harmonie unserer Feier. Was hat eine Prostituierte unter den oberen Zehntausend zu suchen? Ja, der Pharisäer murrt bei sich selbst: „Wenn dieser Jesus wirklich ein Prophet wäre, dann wüsste er, was das für eine nichtswürdige Kreatur ist. Er gäbe sich nicht mit ihr ab. Der Gottessohn und diese Sünderin sind wie Feuer und Wasser."

Jesus empfindet das geheime Unbehagen und den stillen Vorwurf seines Gastgebers. Er weist auf diese Frau und redet den Pharisäer an: „Simon, siehst du diese Frau? Ich bin in dein Haus gekommen, aber du hast mir kein Wasser gegeben, in dem ich meine Füße hätte waschen können. Diese ‚Sünderin' hat mir mit ihren Tränen die Füße genetzt und mit ihren Haaren getrocknet. Du hast mir keinen Kuss gegeben, aber diese Frau hat mir die Füße geküsst. Du hast mein Haupt nicht mit Öl gesalbt, aber sie hat mir mit einer kostbaren Salbe die Füße gesalbt. Ihr sind viele Sünden vergeben, denn sie hat viel geliebt."

Die Gäste an der Festtafel sind betroffen. Sie fragen: „Wer ist dieser Jesus, der Sünden vergibt?" Dann aber wendet sich Jesus noch einmal dieser Frau zu und sagt ihr diese wunderbaren, befreienden Worte: „Dein Glaube hat dir geholfen, gehe hin in Frieden!"

Dies ist die unglaublichste Geschichte der Liebe, die ich je gehört habe. Der Heiland der Welt verbindet sich mit einer Frau, die sich in ihrem Leben zu weit hinausgewagt hat und dabei gescheitert ist, reißt sie aus ihrem Elend heraus und gibt ihrem Dasein einen neuen Sinn. Fortan darf sie ausgesöhnt mit Gott leben und Frieden haben. Christus ist der neue Inhalt ihres Lebens. Seine Liebe ist nicht auszuloten.

Immer wenn man von seinen Taten erzählt, gewinne ich den Eindruck, das Wichtigste sei noch gar nicht gesagt. Ich kann ein ganzes Leben damit zubringen, dieser Liebe auf der Spur zu bleiben, und werde immer neue Entdeckungen machen. So wird ein Leben reich, spannend, bedeutsam und wertvoll.

Gottes Liebesbrief — die Bibel

Darin ähnelt die Bibel dem nächtlichen Sternenhimmel: Je länger man ihn anschaut, desto mehr Sterne leuchten auf. Die intensive Beschäftigung mit der Bibel lässt mich Kostbarkeiten entdecken, die meinem Leben einen festen Halt, tiefe Geborgenheit und frohe Schaffenskraft geben. Sie ist ein besonderer Liebesbrief, der mein Herz höher schlagen lässt. Die Bibel ist aber auch ein Trostbrief, der meine zerrissene, geschwundene und frierende Seele in einen wärmenden Mantel hüllt und ihr neuen Mut gibt.

Diese Erfahrung machte auch der brühmte russische Schriftsteller Dostojewski. Als er über vier Jahre in der Verbannung in Sibirien zubringen musste, wäre er schier verzweifelt. Er war noch so jung, hatte gerade die ersten Erfolge mit seiner Dichtkunst erreicht, und musste nun den Eindruck gewinnen, als würden hier in der Katorga seine Kraft und seine Begabung in der sibirischen Kälte ausgelöscht. Die äußeren Zustände waren katastrophal. Die Dielen in der Baracke faulten immer mehr durch. Die Luft war stickig. Von den Wänden tropfte das Wasser, und im Winter bedeckte eine dicke Eisschicht Fenster und Zimmerdecke. Sein Bett bestand nur aus einem alten Brett. Es gab keine Kissen oder warme Federbetten. Mit seinem dicken Schafspelzmantel deckte er sich nachts zu. Das Essen war unzureichend und schlecht. Meist sollten Kohlrüben die hungrigen Mägen füllen. Hart war die Arbeit und in der sprichwörtlich sibirischen, mörderischen Kälte unerträglich. Es gab gute Aufseher, aber auch solche, die die Häftlinge brutal zusammenschlugen und schindeten. Brandmarken und Spießrutenlaufen waren an der Tagesordnung.

Was hat ihm in dieser Zeit geholfen zu überleben? Es war die Bibel, die er auf dem Weg in die Verbannung von einer adligen Dame geschenkt bekommen hatte. Sie wurde ihm Trost und Hilfe, und er hat sie täglich gelesen. Sie war ihm auch das einzige Buch, das er in der Verbannung in Händen hatte. In dieser schrecklichen Zeit war sie ihm wie ein Heiligtum. Niemals mehr trennte er sich von seiner Bibel. Noch an seinem Sterbetag las ihm seine Frau daraus das Evangelium vor. Als sein letztes Stündlein gekommen schien, ließ er einen Priester holen. Er beichtete lange und feierte dann das Abendmahl. Dann übergab er das teure Gotteswort an seinen Sohn mit der heiligen Verpflichtung, es zu achten, zu ehren und zu gebrauchen. Auf seinem Grabmal, so wollte er es, sollten die Worte aus dem Johannesevangelium eingemeißelt werden: „Wahrlich, wahrlich, ich sage euch: Es sei denn, dass das Weizenkorn in die Erde falle und ersterbe, so bleibt's allein. Wenn es aber erstirbt, so bringt es viel Frucht."

Wie wichtig war für den berühmten russischen Dichter die Bibel. In seinen Werken zieht sie sich wie ein roter Faden hindurch. Er lebte in der Bibel und mit der Bibel. Dass er in der Gefangenschaft nicht zugrunde ging, verdankte er allein diesem Buch. Es war ihm Trost- und Kraftquelle in schwerer Zeit geworden. Manchmal kamen auch andere Häftlinge und liehen sich die Bibel für einen Abend aus.

Einmal wurde sie ihm in der Baracke gestohlen. Ein Häftling wollte das dünne Papier benutzen, um sich daraus Zigaretten zu drehen. Aber als er sah, dass Dostojewski todtraurig über seinen Verlust war, brachte er ihm die Bibel zurück. „Hier, nimm sie wieder. Ich kann es nicht ertragen, wenn du so niedergeschlagen herumsitzest."

Uns ist es auch in unseren Tagen aufgetragen, das teure Gotteswort an Menschen weiterzugeben, die noch keinen Bezug zur Bibel haben. Wir sind ein heidnisches Volk geworden, und die Werte, die uns die Reformation und der Pietismus übermittelt haben, sind verloren gegangen. So sei die Frage erlaubt: Wo finden wir in unserer Zeit wieder echte göttliche Werte und Zielsetzungen? Wo bricht das Verlangen nach Gott neu auf? Wie kann uns die alte Frage Martin Luthers in Unruhe versetzen: Wie finde ich einen gnädigen Gott?

Es kann uns doch nicht unberührt lassen, dass Menschen für alles sorgen, sich ein Haus bauen, sich gegen Krankheit, Unfall, Feuer und Hagel versichern lassen, was ja auch richtig ist, aber die allerwichtigste Frage nach dem Schöpfer, und wie sie mit ihm ausgesöhnt und in Frieden leben können, total aus den Augen verlieren. Gleichgültig leben viele in den Tag hinein und bedenken nicht, dass sie sich am Ende ihrer Tage vor dem ewigen Richter verantworten müssen. Diese Tatsache sollte uns beunruhigen, denn Gott sagt ganz klar in Hesekiel 3,17-19:

„Du Menschenkind, ich habe dich zum Wächter gesetzt über das Haus Israel. Du wirst aus meinem Munde das Wort hören und sollst sie in meinem Namen warnen. Wenn ich dem Gottlosen sage: Du musst des Todes sterben! und du warnst ihn nicht und sagst es ihm nicht, um den Gottlosen vor seinem gottlosen Wege zu warnen, damit er am Leben bleibe, – so wird der Gottlose um seiner Sünde willen sterben, aber sein Blut will ich von deiner Hand fordern. Wenn du aber den Gottlosen warnst und er sich nicht bekehrt von seinem gottlosen Wesen und Wege, so wird er um seiner Sünde willen sterben, aber du hast dein Leben errettet."

Diese Verse machen uns unsere Verantwortung deutlich und stellen uns in die Aufgabe hinein, von Jesus Christus zu zeugen.

In dem bekannten Schauspiel „Der Hauptmann von Köpenick" von Carl Zuckmayer stellt der Schus-ter Voigt die Hauptfigur dar. Im Film ist diese Rolle von Heinz Rühmann und später von Harald Juhnke in Vollendung gespielt worden. Anlässlich einer Beerdigung vernimmt Voigt eine innere Stimme. In seinem unverwechselbaren Berliner Dialekt klingt das so:

„Vorhin – aufn Friedhof – wie die Brocken aufn Sarch

runterjekullert sind – da hab ick's jehört – da war se janz laut ... Da hatse jesprochen, du, und da hatse jesprochen, du, und da is alles totenstill jeworden in de Welt, und hab ick's vernommen: ‚Mensch', hatse jesagt – ‚einmal kneift jedern Arsch zu, du auch', hat se jesagt.

Und denn stehste vor Gott, dem Vater, vor dem stehst du denn, und der fragt dir ins Jesichte: ‚Willem Voigt, was haste jemacht mit dein Leben?' Und ick muss sagen: ‚Fussmatte', muss ick sagen. ‚Die hab ick jeflochten im Jefängnis, und denn sind se alle druff rumjetrampelt', muss ick sagen. Und zum Schluss haste jeröchelt und jewürcht um det bisschen Luft, und denn war's aus. Det sagst du vor Gott, Mensch. Aber der sagt zu dir: ‚Je wech!', sagt er. ‚Ausweisung!,' sagt er. ‚Dafür hab ick dir das Leben nich jeschenkt', sagt er. ‚Det bist du mir schuldig! Wo is et? Was hast mit jemacht?' ..."

Diese Frage: Was hast du aus deinem Leben gemacht?, muss in den Menschen wieder wachgerüttelt werden. Jeder lebt auf sein Ende zu und muss einmal Rechenschaft ablegen, was er mit seinem Dasein gemacht hat. Es muss uns unter den Nägeln brennen, wenn wir in der Nachfolge Jesu stehen, und es muss uns umtreiben, wenn neben uns die Menschen ohne das Evangelium dahinleben. Mission ist nicht unserer Lust und Willkür überlassen. Mission ist dringlich. Es muss uns beunruhigen, wenn wir sonntags in den Gottesdienst

gehen und andere ihr Motorrad putzen, das Korn einfahren, die Wäsche aufhängen, den Garten umgraben
und ihren Gartenzaun anstreichen. Es muss uns be-
drängen, wenn heute sogar eine Sterbeversicherung
abgeschlossen wird, damit eine würdige Beerdigung
ausgerichtet wird, aber die Frage für viele unbeant-
wortet bleibt: Was kommt nach dem Tod?

In der Bibel finden wir alles, was wir zum Leben
und Sterben brauchen. Uns zur Wegweisung ist sie
geschrieben, und ich sehe in ihr den Liebesbrief des
Vaters im Himmel, den er an seine Kinder schreibt.
Wir sollten uns hier die Frage stellen lassen, ob uns
die Bibel schon erreicht hat und sie uns zum Liebesbrief unseres Vaters im Himmel geworden ist. Welche Stellung nehmen wir zur Bibel ein? Oder besser
gefragt: Wie sieht die Bibel uns? Die Bibel muss uns
erst einmal die Augen öffnen, wer wir sind. Sie muss
uns deutlich sagen, dass wir ohne Christus verloren
gehen. Wir brauchen nichts nötiger als Jesus Christus,
unseren Retter und Versöhner. Die Bibel legt uns aus,
zeigt uns, wie durch unsere Sünde zwischen Gott und
uns ein tiefer, unüberbrückbarer Graben steht. Keiner kann von sich aus in den Himmel kommen. Nur
durch die große Tat Jesu am Kreuz ist die Versöhnung
mit unserem Schöpfer möglich.

Von Johann Georg Hamann will ich erzählen. Er
war ein Zeitgenosse von Immanuel Kant. Beruflich
brachte es der Sohn eines Wundarztes nicht weit.
Er studierte zwar Naturwissenschaft, Theologie und

Philosophie, konnte aber an der Universität keinen Abschluss erzielen. Schließlich wurde er Zollbeamter. Außerdem hinderte ihn sein Stottern daran, eine Lehrtätigkeit auszuüben, wie er es ursprünglich vorgesehen hatte.

Einmal unternahm er eine Reise nach England. Er wollte dort Geschäfte tätigen. Aber er bewies darin keine glückliche Hand und versuchte, in einem feuchtfröhlichen Gelage sich seinen Frust von der Seele zu spülen. Als er nach einer versumpften Nacht in einer Londoner Kneipe morgens im Hotelzimmer aufwachte, fand er auf dem Nachtschrank eine Bibel. Er begann darin zu lesen. Es war, wie er es später im Tagebuch vermerkte, am 31.3.1758. Er entdeckte sich selbst in den Versen, die er da las, und seine eigentliche Lebensgeschichte begann an diesem Morgen. Er schreibt darüber:

„Ich vergaß alle meine Bücher darüber. Ich schämte mich, dass ich meine Schriften mit der Bibel verglichen hatte. Es tat mir leid, dass ich andere Bücher der Bibel vorgezogen hatte. Ich erkannte meine eigenen Verbrechen in der Geschichte des jüdischen Volkes. Ich las meinen eigenen Lebenslauf und dankte Gott für seine Geduld mit diesem seinem Volk, weil ich dadurch auch Hoffnung für mich selbst fand. Ich las im 1. Mosebuch 4,10-11 und verfiel in ein tiefes Nachdenken. Ich dachte an Kain, zu dem Gott sagt: ‚Was hast du getan? Die Stimme deines Bruders schreit zu mir von der Erde. Und nun, verflucht seist du auf der Erde, die ihr Maul hat aufgetan und deines Bruders Blut von deinen Händen empfangen.' Ich fühlte mein Herz klopfen. Ich hörte eine Stimme in der Tiefe seufzen und jammern als die Stimme des Blutes, als die Stimme des erschlagenen Bruders. Ich fühlte, wie sich mein Herz in Tränen ergoss, und ich konnte es meinem Gott nicht länger verhehlen, dass ich der Brudermörder bin, der Brudermörder seines eingeborenen Sohnes. Ich habe Jesus, den Sohn Gottes, durch meine Sünden ans Kreuz geschlagen. Der Geist Gottes fuhr fort ungeachtet meiner großen Schwachheit, ungeachtet des langen Widerstandes, den ich bisher gegen sein Zeugnis angewandt hatte, mir das Geheimnis der göttlichen Liebe und die Wohltat des Glaubens an unseren einzigartigen Heiland zu offenbaren."

Das war der Beginn des neuen Lebens bei Johann Georg Hamann, der sich in den Fängen der Aufklärung befunden hatte und nun zu der Freiheit der Kinder Gottes durchgedrungen war. Von der Stunde an wollte er, ja musste er die Bibel lesen. Ein Hunger nach dem Wort Gottes trieb ihn dazu. Er begriff: Es geht in der Bibel um mich, wie Gott mir gnädig sein will. Ich bin ein Sünder, und dennoch liebt mich Gott. Um meinetwillen ist Christus am Kreuz gestorben und wurde wieder auferweckt. Er las nun die Bibel als des Vaters Liebesbrief an sein aufsässiges, trotziges, verlorenes Kind.

Martin Luther spricht vom Dreiklang des geistlichen

Lebens: von der Anfechtung, von der Betrachtung des Wortes Gottes und vom Gebet. Er hat gewusst, wovon er redet, denn er war ein stark angefochtener Mann. In einem seiner Gebete fand ich folgende Worte, und sie griffen mir ans Herz:

„Herzliebster Herr Jesus, was für ein großer Stein schwerer Anfechtungen und Gedanken liegt auf meinem Herzen. Ach, meine Seele ist mit Traurigkeit beladen und bedeckt, dass der Trost deines süßen Evangeliums nicht hineinfließen kann. Erbarme dich mein! Lege deine starke Hand an und hebe den großen Angst- und Trauerstein von meinem Herzen. Nimm weg meine Anfechtung und große Schwermut, dass ich Luft kriege, und dein heilsames, erquickendes Lebenswasser mein mattes, ohnmächtiges Herz kühle und erfrische, dass mein Geist wieder lebendig werde und meine Seele und Leib in dir, o lebendiger Gott, sich zeitlich und ewig erfreuen mögen. Amen!"

Und einmal betete er:

„Herr, wir wollen uns von keinem Schrecken überwältigen lassen, sondern uns als die erweisen, welche um einen ganz anderen Trost wissen, als alle Welt hat. Andere verlassen sich auf ihre irdische Gewalt und auf ihr Glück. Wir aber wollen uns damit trösten, dass wir einen Gott haben, der uns gewiss beistehen wird."

Auch in den Psalmen finden wir viele Beispiele, in denen Männer und Frauen in ihren geistlichen Nöten ihre Zuflucht zum Gebet und Gottes Wort nahmen.

Aus Psalm 119, dem längsten Psalm der Bibel, zitiere ich einige Verse:

„Die Gerechtigkeit deiner Zeugnisse ist ewig; unterweise mich, so lebe ich.

Ich komme in der Frühe und schreie; auf dein Wort hoffe ich. Ich wache auf, wenn's noch Nacht ist, zu sinnen über dein Wort.

Siehe mein Elend und errette mich; hilf mir aus, denn ich vergesse deines Gesetzes nicht.

Herr, deine Barmherzigkeit ist groß; erquicke mich nach deinen Rechten.

Ich freue mich über dein Wort wie einer, der eine große Beute kriegt."

Ich möchte Mut machen, in der Bibel zu forschen und Worte des Trostes und der Wegweisung herauszusuchen, sie zu unterstreichen und sie auch auswendig zu lernen. Dann haben wir sie als eine eiserne Ration in der Anfechtung und sind den heftigen Angriffen des Feindes nicht wehrlos ausgeliefert.

Wir fragen uns nun: Was ist das Wesen des christlichen Lebens? Es lebt in der Anfechtung aus dem Wort und dem Gebet. Oswald Bayer, der Tübinger Theologe unserer Tage, sagt: „Mit der Bitte um Erleuchtung und von der Anfechtung getrieben in das Wort der Heiligen Schrift hineinzugehen und von ihm ausgelegt zu werden, das ist Leben aus dem Glauben."

Sind wir angefochten in unserm Alltag, dann dürfen wir uns im Wort Gottes bergen. Die Liebe des Vaters wird uns zu einem gewaltigen Trost. Aber der Kampf bleibt uns ein Leben lang.

Nichts, aber auch gar nichts soll mir die Freude am Wort Gottes rauben. Die Bibel ist wie ein Schutzwall, eine Burg, ja wie ein großer, gewaltiger Zufluchtsort, in dem ich mich in den Stürmen des Lebens bergen kann. Sie will mir aber auch eine sprudelnde Quelle der Freude und Tröstung sein, und das an jedem Tag.

Von einem Bauern will ich erzählen. Er war nicht reich. Sein Hof bestand nur aus ein paar Hektar Land. Auf der Weide grasten drei Kühe, und im Stall fütterte er fünf Schweine. Sein Schäferhund war alt geworden, lag unter dem mächtigen Kastanienbaum und erhielt das Gnadenbrot. Mit seiner Frau und seiner großen Kinderschar führte der Bauer ein recht dürftiges Leben. Nun war in seinen Ort ein Evangelist gekommen, der jeden Abend in der Kirche Vorträge hielt und die Botschaft von Jesus Christus verkündigte. Der Bauer nahm mit seiner Familie daran teil, und das Wunder geschah, dass er zum Glauben an Christus fand. Er entdeckte die Bibel. Fortan las er jeden Tag darin. Wenn er zum Heumachen fuhr oder die Rüben und Kartoffeln vom Felde holte, dann hatte er auch immer das kleine schwarze Testamentchen in seiner Jackentasche. In der Mittagszeit las er eifrig darin.

Nun hatte er gehört, dass in Stuttgart eine Bibelkonferenz stattfand. Wie gerne hätte er daran teilgenommen. Aber er war arm und wusste nicht, wo er das Geld hernehmen sollte. Er überlegte hin und her und schließlich entschloss er sich, ein Stück Acker zu verkaufen. Mit dem Geld fuhr er nach Stuttgart. Voller Begeisterung kehrte er wieder nach Hause zurück. Man spürte ihm die Freude ab. Seine Nachbarn fragten ihn: „Johannes, wie ist es dir auf der Bibelkonferenz ergangen?"

Kurz und bündig antwortete er: „Dös war des Äkkerle wert."

Solche eine Freude und Begeisterung am Wort von Gott wünsche ich mir. Wir überleben in unserem Christsein nur, wenn wir als Umkämpfte, Angefochtene im Wort der Schrift Zuflucht und Orientierung suchen.

Eduard Spranger sagt: „Es gibt nur ein Buch, das bis in die Todesstunde mit uns geht. Es lehrt uns zu leben, es lehrt uns zu sterben. Wenn wir es recht zu lesen verstehen, so leuchtet aus seinen Tiefen immer neues Licht, die Morgenröte der Ewigkeit, auf die wir vertrauen."

Robert — mein Freund in Reudnitz

Robert wurde auf einer Freizeit mein bester Freund. Bei den Mahlzeiten saß er mit seinen Eltern an unserem Tisch. Wir hatten viel Spaß miteinander und waren wohl die fröhlichste Truppe. Groß aufgeschossen war dieser junge Mann, 25 Jahre alt und mit einem freundlichen Gesicht. Keiner hätte beim ersten Anblick vermuten können, dass Robert geistig behindert war. Wie mir seine Mutter erzählte, war die Schwangerschaft äußerst schwierig verlaufen und sie musste mehrere Wochen vor der Geburt ihres Kindes unter ärztlicher Beobachtung in der Klinik liegen. Als dann ihre schwere Stunde mehrere Wochen zu früh kam, gab es Probleme. Die Herztöne des Babys wurden immer schwächer, sodass sich der Gynäkologe dazu entschloss, das Kind mit einem Kaiserschnitt auf die Welt zu bringen.

Es stellte sich schon bald heraus, dass das Gehirn des Säuglings durch den Sauerstoffmangel schwer geschädigt war. Es konnte sich nicht normal entwickeln, und dies war für die Eltern ein regelrechter Schock. Während andere Kleinkinder mit zwei Jahren schon sprechen lernen, brachte Robert nur ein Lallen hervor. Und doch machte der Junge, wie mir sein Vater berichtete, im Laufe seines Lebens große Fortschritte. Er wurde zum Liebling der Familie. Auch sein älterer

Bruder und vor allen Dingen die Oma nahmen sich seiner liebevoll an. So lernte er, wenn auch verspätet, das Sprechen.

Was mir bei seinem Reden auffiel, war die Tatsache, dass er von sich immer in der dritten Person sprach. Das hatte ich in der Weise noch nie gehört. So sagte er: „Robert will essen. Robert geht jetzt schwimmen. Robert macht einen Ausflug. Robert möchte gern ein Eis." Das ist eine Sprechweise, wie sie Kleinstkindern eigen ist. In dieser Entwicklungsphase war er stehen geblieben.

Für die Eltern war es ein Wagnis, mit ihm zu einer Bibelfreizeit zu fahren. So viele fremde Menschen machten ihm zunächst Angst. Bei der Ankunft wollte er nicht aussteigen und blieb zwei Stunden im Auto sitzen. Was mag wohl in seiner Seele vorgegangen sein, als er das große Gebäude und die vielen Freizeitteilnehmer sah? Wir waren etwa fünfzig meist ältere Leute. Aber schließlich überwand er alle Vorbehalte der neuen Situation gegenüber und kam doch noch rechtzeitig zum Abendbrottisch.

Ich übertrug ihm eine wichtige Aufgabe und gab ihm die Glocke in die Hand. Er durfte immer zum Beginn und zum Abschluss der Mahlzeiten läuten. So wurde er mein Läutejunge und gewann an seinem Tun Freude. Öfter rief ich ihm zu: „Lauter, Robert, lauter!" Und er strengte sich mächtig an. Ich lobte ihn dann und sagte: „Robert, du bist mir eine tüchtige Hilfe. Ich brauche dich jeden Tag. Danke!"

Ihm gegenüber saß eine alte Dame. Sie erinnerte ihn an seine Großmutter, die er sehr liebte und die ihn zu Hause auch sehr förderte. Von seiner lieben Omi erzählte uns Robert viel. Vor allen Dingen sang sie ihm immer viele Lieder vor. Nun hatte er auch hier eine Omi gefunden, und bei jeder Mahlzeit stellte er ihr die gleiche Frage: „Sag mir doch, wo du wohnst." Meist musste Frau Becker drei- oder viermal erklären: „Ich wohne in Zwickau, Alte Stollberger Straße 37." Wir lachten jedes Mal und fanden die Art der Unterhaltung sehr lustig.

Über die alte Dame habe ich gestaunt. Sie hatte Freude an ihrem Gast gegenüber und nahm seine Frage immer ganz ernst. Nie wurde sie müde, manchmal drei- oder viermal das Gleiche zu sagen.

Am Nachmittag ging Robert mit seinen Eltern zum Schwimmen. Das war in diesen Tagen, in denen das Thermometer auf 36 Grad hochkletterte, die beste Freizeitbeschäftigung. Das Schwimmbad befand sich im Untergeschoss des Hauses. Begeistert erzählte unser Freund: „Robert kann jetzt schwimmen." Das war in der Entwicklung dieses behinderten Kindes wieder ein Fortschritt. Wir alle freuten uns mit ihm, wenn er uns mitteilte, wie viele Runden er wieder geschafft hatte.

Bei den Bibelarbeiten am Vormittag und den Vorträgen am Abend war Robert ein aufmerksamer Zuhörer. Es war schon eine enorme Leistung von ihm, eine Stunde still dazusitzen. Wenn wir sangen, schlug er heftig mit seinen Händen den Takt zu der Melodie. Das machte er so hervorragend, dass ich dem Vater riet, ihm doch ein Schlagzeug zu kaufen.

„Das haben wir unserem Sohn schon zu Weihnachten vor ein paar Jahren geschenkt, als wir sein Interesse an der Musik entdeckten. Es ist uns selbst zum Staunen, wie treffsicher er dirigieren kann", bemerkte sein Vater.

Einmal sagte ich nach einem Vortrag: „Jetzt wollen wir noch ein Lied singen." Laut und ganz spontan rief Robert in den Saal hinein: „Rosamunde." Alles lachte. Leider konnte ich den Text dieses alten Schlagers nicht auftreiben. Gerne hätte ich ihm die Freude bereitet. Von einem Teilnehmer hörte ich nur einen verschandelten Text: „Rosamunde, schenk mir dein Sparkassenbuch!" Dies wollte ich meinem besonderen Liebling nicht zumuten.

Nach dem Mittagessen wünschte sich Robert einmal das Lied „Sah ein Knab ein Röslein stehn". Natürlich erfüllten wir ihm diesen Wunsch. Der Text dieses Volksliedes war fast allen Teilnehmern noch aus ihrer Jugendzeit bekannt. Lieder waren Roberts Welt. Er konnte sie zwar nicht singen, aber er kannte die Texte, und die Musik klang ihm immer in den Ohren. Kräftig schlug er mit seinen Händen den Takt dazu.

Auch den Tischdienst übernahm der junge Mann und räumte Teller, Tassen und Besteck ab. Nur einmal wollte er nach dem Essen das Weite suchen. Aber da ermahnte ihn sein Vater liebevoll: „Robert, walte deines Amtes!" Sogleich stellte er das Geschirr zusammen und trug es in die Küche. Diese Aufgabe erfüllte er mit erstaunlichem Geschick. Nicht eine einzige Tasse oder Teller gingen in diesen Tagen zu Bruch.

Obwohl Robert mein Liebling geworden war und er mich auch gern mochte, gab es für ihn doch ein Ärgernis. An einem lauen Abend feierten wir mit allen Teilnehmern der Freizeit ein Fest. Unter den hohen Weiden wurden Tische und Bänke aufgestellt und ein Grillfeuer entzündet. Die Hauseltern hatten ein herrliches Abendessen für uns gerichtet. Auf dem Grill lagen Steaks und echte Thüringer Bratwürstchen. Verschiedene Salate wurden aufgetragen und erfrischende Getränke stillten unseren Durst nach einem sehr heißen Sommertag. Im Anschluss an das Essen hockten wir in froher Runde zusammen und sangen ein Volkslied nach dem andern. Daran hatte Robert Spaß, und er war in seinem Element. Zwischen hinein trugen mein Mann und ich immer wieder Sketche vor, die die Teilnehmer zum Lachen und zum kräftigen Applaus reizten.

Aber ein Theaterstück brachte Robert Verdruss. Ich spielte eine Hausfrau, die sich mächtig über Geldnot in der Haushaltskasse beklagte. Dann aber kam ich auf einen guten Gedanken. Ich betrachtete das wunderschöne Hemd meines Mannes und fing an, den unteren Teil abzuschneiden. Aus diesem Stoff wollte ich dann Deckchen anfertigen und sie auf dem Flohmarkt verkaufen. Das würde einige Scheine in die Haushaltskasse liefern. Aber da ich meinen Hals nicht vollkriegen konnte, schnippelte ich weiter, und so gewann ich aus einem Teil der Ärmel ebenfalls Deckchen. Als ich schließlich noch das Rückenteil des Hemdes herausschneiden wollte, floh mein Mann und jammerte: „Dieses Weibstück lässt mich noch nackt durch die Gegend laufen. So geldgierig ist meine Lotte."

Die Teilnehmer lachten darüber. Robert aber wurde zornig. Ich musste alle meine Überredungskünste anwenden, um ihn wieder zu beruhigen. Später am Mittagstisch fing er davon an und machte mir heftige Vorwürfe: „Frau Bormuth, du hast deinem Mann mit der Schere das gute Hemd zerrissen." Ich konnte ihm nicht klarmachen, dass es sich ja um ein altes Hemd gehandelt hatte. Es dauerte lange, bis er wieder mit mir ausgesöhnt war.

Robert besuchte in der Nähe seines Heimatdorfes ein Internat. Dort wurden seine Leistungen sehr gefördert. Im Umgang mit anderen Behinderten übte er soziales Verhalten ein, sodass sich die Eltern überall mit ihrem Sohn sehen lassen konnten. Er wurde sogar in einen Arbeitsprozess, der seinem Können entsprach, eingegliedert. An den Wochenenden und in den Ferien holten seine Eltern ihn nach Hause. Ihre Erziehung war vorbildlich, liebevoll und doch konsequent.

Am letzten Tag der Freizeit, es war ein Sonntag, feierten wir Gottesdienst mit Abendmahl. Robert saß neben mir. So durfte ich ihm das Brot, den Leib Christi, mit den Worten reichen: „Für dich gegeben!", und den Wein, „das Blut Christi, für dich vergossen!" Wie tief empfand ich gerade im Abendmahl die Verbundenheit mit diesem jungen Menschen. Zum Schluss beteten wir noch das Vaterunser zusammen, und Robert konnte es laut und deutlich mitsprechen. Dabei wurde ich an das Wort Jesu erinnert: „Aus dem Munde der jungen Kinder hat sich Gott eine Macht zugerichtet." Dieser Lobpreis des Herrengebets berührte mein Herz. Ich fragte ihn: Wer hat dich dieses Gebet gelehrt?"

„Meine Oma hat es immer mit mir gebetet."

Du hast eine wunderbare Oma, musste ich denken. Sicher war es für die Eltern nicht immer leicht, ein behindertes Kind zu haben. Aber mehrmals bekräftigten sie: „Robert ist uns ein Sonnenschein und ein Geschenk von Gott. Natürlich kennen wir auch schwere Tage, wenn vor allem Teenager sich über unseren armen Sohn lustig machen und ihren Spott mit ihm treiben. Dann wird Robert sehr traurig und wütend. Es ist dann nicht leicht für uns, ihm Mut zuzusprechen und ihm zu sagen, dass er uns sehr wertvoll ist und wir froh sind, dass wir ihn haben dürfen."

Es macht auch mich ärgerlich, wenn ich sehe, dass über behinderte Menschen gelacht wird und sie beim Einsteigen in den Bus geschubst werden. Dann riskiere ich schon mal ein kräftiges Wort. Das muss man sich nicht gefallen lassen.

Nach elf Tagen wunderbarer Gemeinschaft in dieser Rüstzeit kam der Abschied. Ich nahm Robert in den Arm und drückte ihn an mich. Er aber fuhr mit seiner Hand zart und liebevoll über meine Wangen. Seine Eltern traten dann noch einmal an unser Auto, gaben uns die Hand und bedankten sich sehr herzlich, dass wir ihrem Sohn so viel Zuwendung geschenkt hatten. Sie winkten uns noch lange nach, bis wir um die Wegbiegung verschwunden waren.

Seit der Begegnung mit Robert mache ich eine wunderbare Erfahrung. Jedes Mal, wenn ich das Vaterunser bete, ist mir zumute, als stünde Robert neben mir.

Heraus aus der Bedrückung

Frau Pfeiffer ging durch eine schwere Krise. Einsamkeit und Depressionen quälten sie. Nach dem plötzlichen Tod ihres Mannes lag sie wie zerstört am Boden. Während einer Freizeit führte ich mit ihr zwei längere Gespräche. Manchmal war mir zumute, als spräche ich gegen eine Wand. Meine Ratschläge prallten an ihr ab und drangen nicht bis in ihr Inneres. Wie gern hätte ich sie aus dieser tiefen Niedergeschlagenheit befreit. Erst beim Abschiednehmen gelang es mir, ihr Gemüt zu erhellen. Ich musste sie einfach in den Arm nehmen und sie fest an mich drücken. „Frau Pfeiffer, mit Jesus wird es aufwärtsgehen. Die dunkle Wolke, die Sie jetzt überschattet, wird weiterziehen, und dann wird die Sonne wieder in Ihrem Leben strahlen. Verlieren Sie nur nicht den Mut." Und noch einmal nahm ich sie in den Arm und drückte ihr einen Kuss auf die Stirn.

Dieser kleine Liebesbeweis wirkte Wunder und zauberte ein zartes Lächeln auf ihr Gesicht. Das Band meiner Wertschätzung und Liebe überwand ein wenig die Depression. Dann nickte sie mir zu und sagte: „Das war ein Kuss nach langer Zeit. Seit mein Mann tot ist, hat mich noch nie jemand so liebevoll in den Arm genommen. Danke, Frau Bormuth, vielen Dank!"

Ich wandte mich ihr noch einmal zu, legte meine

Hand auf ihren Kopf und sprach ihr die heilenden Worte zu: „Der Herr Jesus segne Sie und behüte Sie. Er lasse sein Angesicht freundlich über Ihnen leuchten und gebe Ihnen seinen Frieden." Dann stieg ich in mein Auto und Frau Pfeiffer winkte mir noch lange zu.

Ich war erleichtert. Eine Berührung kann Wunder wirken. Hat nicht auch Jesus die Kinder berührt und sie gesegnet? Als ich nach langer Fahrt zu Hause ankam, suchte ich mir die Geschichten aus der Bibel heraus, in denen Jesus Kranke mit seinen segnenden Händen berührt. Ja, ich wurde fündig. Als Jesus einem Aussätzigen auf seinem Weg begegnete, der vor ihm niederkniete und ihn bat, er möge ihn doch heilen, da heißt es in Markus 1,41: „Es jammerte Jesus, und er streckte die Hand aus, rührte ihn an und sprach zu ihm: Ich will's tun; sei rein. Und sogleich wich der Aussatz von ihm und er wurde rein."

Der Aussätzige war dann so mit Freude von diesem Heilungswunder erfüllt, dass er allen Menschen, denen er begegnete, sagen musste, welch große Tat Jesus an ihm getan hatte. Das hatte zur Folge, dass aus den Städten und Dörfern viele Leute zu Jesus kamen und ihn, den Heiland, sehen wollten.

Eine andere Geschichte im Neuen Testament berührte besonders mein Herz. Jesus ging mit seinen Jüngern in die Stadt Nain. Viele Menschen folgten ihm. Kaum hatten sie das Stadttor durchschritten, da kam ihnen ein Leichenzug entgegen. Der einzige

Sohn einer Mutter sollte begraben werden. Jesus sah das entsetzliche Leid dieser Mutter. Ein herzliches Erbarmen erfüllte ihn.

Er trat auf die Leidtragende zu und redete sie an: „Weine nicht!" Ganz nahe ging er an den Sarg heran und berührte ihn. Die Träger blieben stehen und Jesus sprach zu dem Toten: „Jüngling, ich sage dir, stehe auf!" Und wieder geschah das Wunder. Der Sohn richtete sich in seinem Sarg auf und fing sofort an zu reden. Unglaubliches hatte Jesus vollbracht und konnte der Mutter ihren Sohn lebend übergeben. Die Bande seiner Liebe brachen sogar die Stricke des Todes. Dass über einer solch wunderbaren Heilung die Menschen um Jesus herum Gott zu loben begannen, ist nicht verwunderlich. Sie sprachen: „Gott hat sein Volk besucht." Und wieder drang diese Kunde der Totenerweckung in die Lande.

Besonders aber freute mich das Ereignis, als Jesus die Kinder segnete. Mütter hatten die Kunde vernommen, dass der Gottessohn in ihren Ort gekommen war. Und so eilten sie mit ihren Lieblingen zu ihm, dass er sie anrühre. Die Jünger aber waren darüber verärgert. Wie konnte man ihrem Herrn nur so etwas zumuten, dass Kinder mit ihrem lauten Geschrei ihm die Zeit stahlen. Aber Jesus war ganz anderer Ansicht. Die Kleinen waren ihm wichtig, ja er liebte sie. Aus diesem Grunde ließ er sie in seine Nähe kommen, rief sie und sprach diese bedeutsamen Worte: „Lasset die Kindlein zu mir kommen und wehret ihnen nicht;

denn solchen gehört das Reich Gottes." So stellte Jesus die Kinder unter den himmlischen Segen.

Mich sprach dieser Abschnitt aus Lukas 16 stark an. In meiner Erinnerung tauchte immer wieder der Schmerz auf, den ich durch den Tod meines Geschwisterchens erfahren musste. Unsere kleine Erika wurde auf der Flucht geboren. Aber schon nach nur wenigen Tagen starb dieses Baby an Hunger. Meine Mutter konnte den Säugling nicht stillen und wir besaßen nichts, womit wir das Kind am Leben hätten erhalten können. Ich sehe mich heute noch auf dem Friedhof stehen, als Vater und unser Knecht Stachow das kleine Grab zuschaufelten. Meine Tränen fielen auf die fremde Erde. Manchmal überfällt mich heute noch die Frage: Was wird aus diesem Kind? Es war noch gar nicht getauft. In dem Chaos der Flucht hatte uns nur die eine Frage bewegt: Wie können wir den russischen Panzern entkommen? Wir wollten doch nicht von ihnen zermalmt werden. In dieser Situation dachte keiner an Taufe. Damals – ich war elf Jahre alt – hatte ich noch nicht einmal für mein Schwesterchen beten können.

Die Begegnung Jesu mit den Kleinen gab mir eine klare Antwort: Diesen Kindern gehörte das Himmelreich. Das war so tröstlich. Es erfüllte mich immer wieder mit Staunen, in wie vielen Situationen Jesus Menschen begegnete und Antwort auf ihre Nöte hatte. Er kam ihnen ganz nahe und schuf so in ihrem Elend einen glücklichen Ausgang. Von Jesus wollte ich lernen, denn ich wusste um Gelegenheiten, in denen ich vieles falsch gemacht hatte.

Ich hatte David in den Gottesdienst eingeladen. Er wohnte schon seit sieben Jahren in unserem Haus. Bereitwillig ging er mit. David war körperlich schwer behindert. Mit der Ordnung in seinem Zimmer und der Körperpflege nahm er es nicht so genau. Erst Monate später konnten wir Abhilfe schaffen, indem der Soziale Dienst diese Aufgabe übernahm und eine Krankenschwester ihn regelmäßig duschte. Von mir hätte er sich dies nicht gefallen lassen, denn ich war ja seine Vermieterin. Nun hatte ich ihn in unsere Gemeinde eingeladen und saß neben ihm. Aber sein Schweißgeruch war mir lästig, und mit einem Vorwand setzte ich mich in eine andere Reihe. Mit diesem Tun verletzte ich David doch sehr. Er spürte, dass ich wegen seines aufdringlichen Körpergeruchs nicht neben ihm sitzen wollte. Nie mehr wieder ist er mir in den Gottedienst gefolgt, auch wenn ich ihn herzlich dazu eingeladen habe und wir anschließend zusammen Mittag essen wollten. Mein Verhalten tut mir heute noch leid, und ich habe aus meinem Versagen gelernt. Wenn heute ein Obdachloser, der es mit der Hygiene nicht so genau nimmt, sich von mir in die Kirche einladen lässt, tränke ich zuvor mein Taschentuch in Parfüm und bleibe bei ihm sitzen.

Wie ganz anders hat sich Jesus verhalten. Er scheute sich nicht, einen Aussätzigen zu berühren, ja er heilte ihn sogar. So bin ich dankbar, dass ich in seine Schule gehen darf. Ein zweites Mal soll es mir nicht mehr passieren, dass ich einen Menschen wegen seines äußeren Erscheinungsbildes ausgrenze. Natürlich ist mir bewusst, dass mich vielleicht andere nicht verstehen, wenn ich Menschen von den Hecken und Zäunen in die Kirche bringe. Aber das soll mich nicht bekümmern. Jesus hat gesagt: „Was ihr einem dieser geringsten Brüder getan habt, das habt ihr mir getan." Das ist übrigens auch mein Konfirmationsspruch. So will ich in meinem Leben eine Lernende bleiben und zu Jesu Füßen sitzen. Unsere Welt braucht das Band der Liebe, das uns miteinander verbindet und die Macht der Ausgrenzung, der Überheblichkeit und Lieblosigkeit durchbricht.

Arm und doch reich

Heute habe ich mir mit meinem Mann einen wunderschönen Abend gegönnt. Wir besuchten einen Vortrag, der von der Organisation *Compassion* durchgeführt wurde. Diese Einrichtung, die seit 58 Jahren vor allem Kinder in Not unterstützt, hat in über 25 Ländern ihre Niederlassung. Sie hilft den Kleinen, die nicht auf der Sonnenseite des Lebens geboren wurden. Viele von ihnen würden heute nicht mehr leben, wenn sich ihnen nicht Christen als Paten zur Seite gestellt hätten. Das Wort *Compassion* bedeutet Mitgefühl. Das Motto, das sich die Paten zur Richtschnur gemacht haben, lautet: Jesus im Zentrum, Kinder im Blickpunkt und Gemeinde als Basis. Das Bibelwort aus Sprüche 38,9 leitet sie: „Tu deinen Mund auf für die Stummen und für die Sache aller, die verlassen sind. Tu deinen Mund auf und richte in Gerechtigkeit und schaffe Recht den Elenden und Armen."

Angesichts der weltweit riesengroßen Not, bei der täglich Tausende von Kindern verhungern oder an Krankheiten wie Masern, Keuchusten und Mumps sterben müssen, nur weil ihnen keine ärztliche Versorgung zuteil wird, möchte man kapitulieren und sich fragen: Wie kann da ein Einzelner noch helfen und die Welt zum Guten führen? *Compassion* glaubt und vertraut darauf, dass Rettung möglich ist. Als ermutigendes Wort hat sich diese Organisation das Motto zum Ziel gesetzt: „Verändere das Leben eines Kindes im Namen Jesu, und du beginnst, die Welt zu verändern." Diese Aussage hat mir imponiert, und an dem Vortragsabend habe ich buchstäblich erfahren, welche Auswirkungen solch ein Handeln hat. Dr. Ole Ronkei aus Kenia war mit seiner Frau nach Marburg gekommen und erzählte, was Gott aus seinem Leben gemacht hat. Begleitet wurde er von dem Journalisten Andreas Malessa, der über die Biografie des Mannes ein Buch verfasst hat mit dem Titel „Mein Herz in Afrika". Es ist bei Gerth Medien verlegt worden. Dr. Ole Ronkei ist einer der faszinierendsten Männer Afrikas. Als Massai wurde er in einer armseligen Hütte geboren. Sein genaues Geburtsdatum konnte man nur schätzen. Als Hirtennomade hütete er die Kühe seiner Familie in der Steppe. Arm war er, sehr arm. Ohne Schulbildung ging er seinem mühsamen Tagewerk nach. Sein Vater war bei Stammesauseinandersetzungen ermordet worden, und so musste die Mutter sehen, wie sie ihre kinderreiche Familie versorgte. Aber mit einem Schlag änderte sich die Situation dieses Hirtenjungen. Eine dänische Familie war bereit, für ihn die Patenschaft zu übernehmen. So wurde ihm eine erfolgreiche Schulbildung ermöglicht. Bis zum Abitur in Nairobi hat er es geschafft. Unter vielen Mühen gelang es ihm, in den USA zu studieren. Dort erwarb er den Doktortitel, wurde Professor und später sogar Berater an der Weltbank. Diese Karriere ist einzigartig. Schließlich engagierte er sich für das Kinderhilfswerk *Compassion* und gab seine hervorragende Stellung auf. Seine Antriebskraft holte er sich aus dem Vertrauen zu Gott, das sich in Glaube, Liebe und Bildung verwirklichte. Mehr will ich zu Dr. Ole Ronkei nicht sagen. Ich möchte aber das Buch von Andreas Malessa wärmstens empfehlen.

Dieser Abend hat mich ungemein froh gemacht, und ich wurde an die Zeit meiner Kindheit erinnert, als ich selbst im größten Elend aufwuchs. Aber das ist das Wunderbare in meinem Leben, dass ich immer wieder Menschen begegnete, die ein Herz für mich hatten und mir ihre Liebe zuteil werden ließen. Die Liebe ist wirklich das Größte, wie es im Neuen Testament heißt, und das veranlasst mich zum Staunen und zur Dankbarkeit.

Meine Familie wurde aus dem fruchtbaren Land Bessarabien am Schwarzen Meer nach Deutschland umgesiedelt. Im Warthegau fanden wir ein neues Zuhause. Leider war aber die Zeit dort nur sehr kurz. Nach dreieinhalb Jahren hieß es wieder, aufzubrechen und sich in eine ungewisse Zukunft zu begeben. Die russische Front war Deutschland immer näher gekommen, und am 19. Januar 1945 brachen wir in einer sternklaren Nacht auf. Nach einer langen, mühseligen Fahrt auf einem offenen Kastenwagen landeten wir nach mehreren Monaten in Hessen.

Eine Küche und eine kleine Kammer war nun unsere neue Bleibe. Mit meinen beiden Schwesten schliefen wir zu dritt in einem Bett: zwei am Kopfende und eine am Fußende. Eigentlich empfand ich die Abende als sehr interessant. Wir Kinder wurden früh ins Bett geschickt, und weil ich von Natur aus sehr neugierig bin, blieb ich lange wach, schloss aber die Augen und versuchte, dem Gespäch meiner Eltern zu lauschen. Merkten sie aber doch, dass ich noch wach war, redeten sie in Russisch weiter und ich verstand nur wenige Sprachfetzen. Meine kleine Schwester schlief in der winzigen Kammer in der Bettritze zwischen meinen Eltern. Ich weiß heute nicht mehr, ob Lilli je in ihrem Leben in einem Kinderbett geschlafen hat, und auch von einem Kinderwagen ist mir nichts bekannt. Bis sie das Laufen lernte, haben wir sie immer auf dem Arm herumgetragen. Wenn wir auf dem Acker arbeiteten, saß sie zwischen Stoppelfeldern und Rübenacker auf einer Decke. Nur einmal ist sie vor Schreck plötzlich aufgesprungen, packte die Decke und torkelte uns auf dem Roggenfeld entgegen. Ein heftiger Donnerschlag hatte sie in Angst versetzt.

Wenn heute von Kinderarmut gesprochen wird, berührt mich dies sehr. Über den Sommer hinweg durften wir nie in Schuhen laufen, sondern nur barfuß. Aber das hat uns nicht geschadet, denn unsere Fußsohlen waren mit einer dicken, lederartigen Schicht überzogen. Das Laufen über Stoppelfelder war für uns kein Problem. Höchstens Distelbüsche machten uns zu schaffen, deren spitze Dornen sich in unsere Haut eingruben. Abends nach einem Fußbad wurden sie mit einer Nadel herausgepiekst, und am nächsten Tag ging es wieder barfuß aufs Feld.

Aber gerade in dieser notvollen Zeit, als Deutschlands Städte zerbombt waren, Millionen von Flüchtlingen durch die Straßen zogen und ein Dach über dem Kopf suchten, haben meine Familie und ich viel Liebe erfahren. Im Pfarrhaus war eine Kleidersendung aus Amerika angekommen und wir durften uns neu einkleiden. Meine Schwester erhielt ein grünes Kostüm und ich einen Mantel in Grau mit einem großen Kragen. Über mehrere Jahre trug ich dieses warme Kleidungsstück, bis mir die Ärmel zu kurz geworden waren und ich auch sonst nicht mehr hineinpasste. Frau Pfarrer Scheffer sorgte wunderbar für unsere kinderreiche Familie. Entfernte Verwandte von uns kamen in den Genuss von riesengroßen Paketen aus Amerika. Uns aber fehlten die Tanten, Onkel oder Cousinen aus diesem reichen Wunderland.

Aber einmal erreichte uns doch das Glück. Der Briefträger kam und rief meinem Vater zu: „Herr Hannemann, für Sie liegt ein Paket auf dem Postamt. Es ist zu schwer, um es auf dem Fahrrad befördern zu können." Mein Vater und wir vier Kinder brachen in Jubel aus und liefen allesamt zur Post. Es war wirklich schwer, aber jeder packte an einer Ecke an, und so schleppten wir es nach Hause in unsere Küche. Diese herrliche Gabe kam aus dem Staat Alberta aus Kanada, das weiß ich noch genau. Mit großen Augen standen wir um den Tisch, als das Packpapier vorsichtig entfernt wurde. Stück um Stück holten wir Dosen mit Schmalz, Bonbons, Schokolade, Rosinen, Dauerwurst, Zucker, Kakao und andere Köstlichkeiten hervor. Später erhielt meine Familie noch einmal eine große Kiste mit herrlichen Apfelsinen aus Übersee. Solch süße Früchte hatte ich noch nie gegessen. Gerade im Winter waren uns diese großartigen Vitaminbomben eine Hilfe und wir waren glücklich, wenn wir unseren Mangel damit stillen konnten. Das waren für uns besondere Freundlichkeiten unseres Gottes in schwerer Zeit.

Mit dankbarem Herzen denke ich auch an meine Klassenkameradin Irmtraud Ulm. Ihre Eltern hatten ein Herz für uns Flüchtlinge. So durfte ich öfter nach Schulschluss in ihre Familie kommen, dort ein reichhaltiges Mittagessen zu mir nehmen und anschließend im Kinderzimmer spielen. Irmtraud war ihr einziges Kind. Ihr Vater war Bankdirektor. Über die herrlichen Spielsachen konnte ich nur staunen, die sich in den Regalen befanden. Ich hatte ja keine einzige Puppe oder ein Buch. Meine Spielsachen bestanden aus wenigen bunten Murmeln und einem Springseil. Vater hatte uns Kindern nicht erlaubt, bei der Flucht etwas von unseren Spielsachen auf den Kastenwagen zu stellen. Ich hatte es zwar versucht, meinen neuen Puppenwagen, den ich gerade an Weihnachten unter dem Christbaum entdeckt hatte, zwischen die Hafersäcke zu schmuggeln, aber mein Vater sagte nur zwei für mich harte Worte: „Runter damit!" Schweren

Herzens trug ich das Wägelchen samt meiner Puppe Lisa wieder ins Haus. Ich tröstete mich damit, dass unsere Flucht vor den Russen nicht allzu lang dauern würde. Bald wären wir wieder zu Hause auf unserem Gut, und dann könnte ich wieder Mutter und Kind spielen. So waren die Einladungen bei Irmtraud wunderbare Höhepunkte.

Besonders das japanische Puppenservice hatte es mir angetan. Wie gerne deckte ich für die Puppen den Tisch, feierte Geburtstag und Hochzeit mit ihnen und versank in großartige Träumereien, wie schön doch die Welt ist. Irmtraud hatte auch eine Schublade voll mit Kartenspielen. Ein Quartett trug den Tittel „Dichter und Denker". Die Beschäftigung damit machte mich neugierig und legte den Grundstein für meine Liebe zur Literatur. Ich wollte gerne die Dramen von Schiller, Goethe, Kleist und Grillparzer und all den anderen Schriftstellern kennenlernen. Ein besonderes Interesse zeigt ich auch für Balladen und lyrische Gedichte. Mein Herz wird heute noch froh, wenn ich an die interessanten Spielstunden im Kinderzimmer der Familie Ulm denke. Wenn ich dann wieder nach zwei Stunden den Heimweg antreten musste, lieh mir Irmtraud immer eins ihrer vielen Bücher. Pucki und Heidi las ich mit Begeisterung, und auch Grimms und Andersens Märchen hatten es mir angetan. Ich war so hungrig nach einem jeden Buch, das mir in die Hände kam. Lesen war meine Welt und ist es bis heute geblieben.

Ich ging in Rotenburg an der Fulda zur Schule, und jeden Morgen musste ich mich noch vor sieben Uhr auf den Weg machen, um meinen Zug zu erreichen. Mit mir fuhr auch Marianne. Sie hatte eine Lehre auf dem Landratsamt begonnen. So trafen wir uns morgens auf dem Weg zur Bahn. Einmal stubste sie mich an: „Was ist bloß heute mit dir los? Du guckst in die Welt, als ob es sieben Tage regnen würde, und redest kein Wort mit mir. Komm, sag schon, welche Laus ist dir über die Leber gelaufen?"

Zuerst wollte ich meinen Kummer nicht preisgeben. Ich schämte mich auch, weil wir so arm waren. Aber Marianne ließ nicht locker. „Nun sag schon, ich will jetzt wissen, was dich bekümmert."

Stotternd erzählte ich ihr, dass unser Klassenlehrer eine Fahrt an die Bergstraße geplant habe, ich aber wohl nicht mitfahren könnte, weil ich kein Fahrrad besaß. Sehr schnell fiel sie mir ins Wort: „Das Problem kann ich lösen. Ich leihe dir mein Fahrrad für diese Woche. Bring es mir nur wieder heil zurück." Mit solch einem Angebot hatte ich nicht gerechnet. Ich durfte die Fahrradtour mitmachen und war selig über diese Zusage. 55 Jahre bin ich nun schon durch mein Studium und meine Heirat von Breitenbach bei Bebra getrennt. Aber jedes Mal, wenn ich zu Besuch bei meinen Eltern weilte, suchte ich auch Marianne auf. Diese innige Verbundenheit ist uns geblieben.

Ein Jahr nach der Fahrt an die Bergstraße wollte unser Klassenlehrer eine Fahrt in die Alpen mit uns unternehmen. Wir sollten unbedingt Wanderschuhe in den Rucksack packen. Für mich ergab sich wieder ein Problem. Woher sollte ich nur Wanderschuhe nehmen und nicht stehlen? Ich besaß nicht einmal ein Paar stabiler Halbschuhe, und im Sommer ging ich mit Holzschuhen zur Schule. Waren die Lederriemchen gerissen, was sehr oft passierte, dann flickte mir unser hilfsbereiter Hausmeister, Herr Soldan, die Schuhe wieder, und ich war nicht die Einzige, die ihn mit lädierten Klogs in der großen Pause umringte.

Wieder wusste Marianne Rat. „In unserem Schuhschrank stehen noch die Wanderschuhe von meinem Bruder, der nun schon längst aus dem Haus ist. Er hat sie nur einmal in seinem Urlaub angezogen. Sollten sie dir zu groß sein, dann legen wir einfach eine Sohle ein. Die Schuhspitze können wir mit Watte ausfüllen."

Marianne, du bist wunderbar, musste ich denken und drückte ihr fest die Hand. So erlebte ich zum ersten Mal im Leben die herrlichen Berge.

Niemals werde ich auch die Quäker vergessen, amerikanische Christen, die sich durch ihre Hilfsbereitschaft im Nachkriegsdeutschland auszeichneten. Wie oft litt ich unter schrecklichem Hunger. Manchmal konnte mir Mutter nur zwei Pellkartoffeln als Pausenbrot in die Schule mitgeben. Die Nahrungsmittel waren rationiert und wir konnten Lebensmittel nur auf Marken einkaufen. Ich weiß heute nicht mehr, wie viel Gramm Brot und Butter mir täglich zustanden, aber ich blieb in diesen Jahren immer hungrig. Konnte meine Mutter mal einen Kuchen backen, dann wurde das Blech genau aufgeteilt. Ich habe meist mein Stück gleich aufgegessen und musste dann zusehen, wie meine jüngeren Geschwister noch am Abend in das köstliche Gebäck beißen konnten. Mir aber lief das Wasser im Mund zusammen.

Aber dann kam der Tag, an dem die Schulspeisung eingeführt wurde. In der großen Pause standen wir in langen Reihen und warteten, bis unsere Ration Bohnensuppe, Erbsensuppe, Grießpudding, Haferflockensuppe oder Nudeln in unsere Blechbüchsen eingefüllt wurden. Mit einem Draht befestigt trug ich das kleine Töpfchen am Ranzen. Manchmal konnten sich die Schüler den Rest der Suppe noch einmal in ihre Blechbüchse füllen lassen. Ich stellte mich immer frühzeitig an die Tür und hoffte, dass ausgerufen würde: „Wer will noch Nachschlag?" Das volle Töpfchen Suppe nahm ich dann mit nach Hause. Dafür gab es in der Familie immer Verwendung. Von der Schule bis zum Bahnhof musste ich oft rennen, damit ich meinen Zug noch erreichte. Dann konnte es passieren, dass die Brühe überschwappte und mir an den Beinen herunterlief.

Eine Besonderheit bei der Schulspeisung wurde etwas später eingeführt. Jeden Samstag bekamen wir eine kleine Tafel von 50 g Schokolade. Eigentlich war es verboten, die Schokolade mit nach Hause zu nehmen. Aber ich ließ sie immer schnell in meiner

Rocktasche verschwinden. Wenn ich heimkam, wartete schon meine kleine Schwester auf diese Süßigkeit. Bis heute isst Lilli gerne Schokolade. Ich habe diesen Christen in Amerika nie für ihre Opferbereitschaft danken können. Aber ihre Zeichen der Liebe sind mir im Gedächtnis geblieben und ermutigen mich, es ihnen gleichzutun. Hungrige Kinder gibt es auch heute in der Welt, und unsere Missionare in Afrika, Brasilien, Thailand und Haiti freuen sich über Spendengelder. Der Zehnte unseres Einkommens ist für uns ein Dankopfer für Gottes große Freundlichkeit. Solche Armut, wie ich sie nach der Flucht habe durchstehen müssen, haben meine eigenen Kinder – Gott sei darüber gelobt – nicht erleiden müssen.

Während ich an diesem Manuskript arbeite, kommt mein Mann ins Zimmer und schiebt mir einen Zettel zu. Auf dem steht der Vers 2. Korinther 8,9. Dort heißt es: „Denn ihr kennt die Gnade unseres Herrn Jesus Christus: obwohl er reich ist, wurde er doch arm um euretwillen, damit ihr durch seine Armut reich würdet." Diesem Gotteswort will ich im Herzen weiten Raum geben und will mich freuen. Solch einem Herrn darf ich angehören, der seinen Reichtum nicht festhielt, sondern auch meinetwegen alles hingab: sein Leben sogar am Kreuz. Darüber kann ich nur staunen und den Entschluss beherzigen, nie die Armen zu vergessen.

Tage, die mir nicht gefallen

Das wird für mich kein guter Tag werden. Kurz nach vier Uhr wurde ich wach und konnte nicht wieder einschlafen. Trübe Gedanken machten mir zu schaffen. Wie soll mein Leben weitergehen, wenn mir immer mehr die Kraft schwindet? Was konnte ich früher alles leisten. Oft stand ich schon um halb fünf in der Frühe auf und ging in meinen Garten. Bis um halb sieben hatte ich fünf oder auch sechs lange Beete durchgehackt und sie vom Unkraut befreit. Dann weckte ich meine Kinder, richtete das Frühstück und legte alles für den Schulweg zurecht. Noch einmal schaute ich auf den Stundenplänen nach, ob nicht der Turnbeutel oder das Lateinbuch vergessen waren. Ich strich die Schulbrote, holte für jedes meiner Kinder einen Apfel oder eine Birne und winkte ihnen dann noch fröhlich nach, bis sie um die Wegbiegung verschwunden waren.

Und wie sehen meine Tage heute aus? Alt bin ich geworden, und es macht mir Not, dass meine Kräfte geschwunden sind. Schlaflosigkeit und Mattigkeit belasten heute mein Gemüt, und Trübsinn raubt mir die Freude. Ich bete ein Vaterunser und will alle meine Kinder und Enkel in die Fürbitte einschließen, aber meine Gedanken wollen mir immer wieder davonschwirren. So fasse ich den Entschluss aufzustehen und gehe ins Wohnzimmer. Als Rettung für meine missliche Lage dient mir mein kleines Neues Testament in Blau. „Herr, ich brauche jetzt deine Gegenwart!", bete ich. „Ich weiß, du kannst mir ein Wort geben, das mich aus meiner Bedrückung reißt und mir einen hellen Blick gibt für deine Wirklichkeit. Hast du mir nicht versprochen, dass du bei mir sein wirst alle Tage bis ans Ende meines Lebens? Ich will jetzt von mir selbst loskommen und zu dir fliehen. In deinem Wort sprudelt eine Quelle, die mich erfrischen kann. Das habe ich schon oft erfahren dürfen."

Und dann lese ich einfach in meinem biblischen Text weiter, wo ich gestern stehen geblieben bin, und stoße auf einen Vers, der mich aufhorchen lässt: „Gott aber sei Dank, der uns den Sieg gibt durch unseren Herrn Jesus Christus. Darum, meine lieben Brüder, seid fest, unerschütterlich und nehmt immer mehr zu in dem Werk des Herrn, weil ihr wisst, dass eure Arbeit nicht vergeblich ist in dem Herrn" (1. Korinther 15,57-58).

Es ist mir zumute, als würde mir Jesus selbst den trüben Schleier von meinem Gemüt reißen, der meine Seele so vernebelt und dunkel gemacht hat. Mir wird bewusst: Ich will meinen Blick von meiner jetzigen Armseligkeit weg richten und auf meinen Herrn schauen. Ich will Christus neu danken, denn er hat mir ja schon oft einen Sieg über meine innere Zerschlagenheit und meinen Kummer geschenkt. Ich will zurückfinden zum Dank. Da liegt für mich die Kraft zum frohen Tun. Ich will mich lösen von dem

Gedanken, als müsste ich heute noch im Älterwerden einen großen Garten bewirschaften und für fünf Kinder sorgen. Diese Zeiten sind vorbei. Gottlob! Unsere Tochter und unsere vier Söhne haben schon lange das Haus verlassen, haben eigene Familien gegründet und sorgen für sich selbst. So sieht der Lauf der Dinge aus. Eine klägliche Rückschau auf Vergangenes nimmt mir den Mut und die Freude an neuem Tun. Ich begreife, dass meine Kraft im Danken liegt. Und wie von selbst stehen mir Situationen vor Augen, in denen ich Siege erfahren durfte. Meine Lippen formen sich zum Lobpreis, den ich im Aufblick zu meinem Herrn laut formuliere.

Da war die Krebserkrankung meines Vaters, die ich meinte nicht ertragen zu können, bis mir Jesus die Augen öffnete und mir sagte: „Lotte, ich tue vor dir jetzt eine große Tat. Ich will das Leben deines Vaters vollenden und ihn in meine Herrlichkeit aufnehmen. Er wird nicht mehr leiden und Schmerzen ertragen müssen. Dieser entsetzlichen Not setze ich ein Ende. Er soll bei mir ein ewiges Zuhause finden. Was kein Auge gesehen und kein Ohr gehört hat, will ich ihm offenbaren. Freude die Fülle will ich ihm schenken."

Und dann erlebte ich eine heilige Stunde am Krankenbett meines Vaters. Der 23. Psalm, sein Lieblingswort, tröstete ihn im Augenblick des Todes. Noch einmal faltete er seine Hände zum Gebet und erlebte die Tröstung, dass das Schönste noch auf ihn wartet. So sehen Siege aus.

Oder ich erfuhr die Aussöhnung mit einer Frau aus unserer Gemeinde. Über mehrere Monate herrschte zwischen uns Funkstille. Wir besuchten noch gemeinsam die Gottesdienste, aber wir sprachen nicht mehr miteinander. Ich fühlte mich durch sie zutiefst verletzt. Und dann stand sie eines Morgens vor meiner Tür, gab mir die Hand und entschuldigte sich für ihr Reden hinter dem Rücken. Da kamen auch aus mir die Worte heraus, wie sehr ich mich darüber geärgert hatte, und auch ich vor ihr schuldig geworden war. Wehleidigkeit ist keine Haltung, die sich für einen Christen ziemt. Ich bat sie ebenfalls um Vergebung, denn auch ich hatte ihr gegenüber in der Liebe versagt. Wir fielen uns in die Arme und falteten noch unsere Hände zum Gebet. So sehen Siege aus.

Oder ich denke an eine Zeit, als unsere Tochter sich von Jesus löste. Die Liebe zu einem Klassenkameraden hatte ihre Sinne verblendet und sie in die Irre geführt. Oft lag ich nachts in meinem Bett, musste mein Kissen auf die andere Seite drehen, weil es von Tränen durchnässt war, und rief Gott um Hilfe an: „Vater, hole mein Kind aus der Verirrung wieder heraus!" Nach mehreren Monaten kam sie zu mir und sagte: „Mama, verzeih mir bitte den Kummer, den ich dir gemacht habe. Jesus ist wieder mein bester Freund." Zum Zeichen ihrer inneren Erneuerung stickte sie auf ihren Anorak den Satz: „Jesus is Lord" (Jesus ist Herr). So sehen Siege aus.

In Arolsen wurde uns ein Grundstück zugesagt, auf

dem wir schon vor dem Hausbau begannen, Gemüse auszusäen. Aber dann machte der Grundstückseigentümer einen Rückzieher, bezahlte uns den Samen und entschuldigte sich. Wir waren traurig darüber. Aber dann nach einigen Wochen zeigte uns der Architekt ein neues Grundstück. Es war günstiger als das alte, und wir wurden wieder froh. So sehen Siege aus.

Im Lob Gottes weicht die Schwermut und meine Sinne werden wieder frei und hell. Gewiss werde ich heute keine großen Arbeitslasten mehr bewältigen können. Und doch darf ich die Erfahrung machen: Im Werk meines Herrn kann ich zunehmen und mich darüber freuen, dass meine „Arbeit nicht vergeblich ist in dem Herrn".

Schon am nächsten Tag, einem Sonntag, erfahre ich, wie meine „Arbeit für den Herrn" aussieht. Auf meinem täglichen kurzen Spaziergang hatte ich am Vortag die frühere Lehrerin meiner Kinder getroffen. Sie saß im Rollstuhl und erzählte mir, dass sie nach einem Schlaganfall linksseitig gelähmt sei. An dieser Erkrankung trägt sie schwer und kann es noch immer nicht verstehen, wie ihr dies hat zustoßen können. Sie lebte bis dahin immer gesundheitsbewusst, ernährte sich vorrangig von Obst und Gemüse und schwamm jeden Tag eine Stunde in ihrem Schwimmbad. Außerdem unternahm sie lange Spaziergänge, kaufte täglich Kleinigkeiten ein und lief mit dem Rucksack auf dem Rücken wieder nach Hause. Einige Tag vor ihrem notvollen körperlichen Zusammenbruch war ich ihr noch auf der Straße begegnet und wir hatten uns sehr nett unterhalten. Kurz danach war sie in ihrer Wohnung ohnmächtig geworden und es hatte einige Stunden gedauert, bis sie gefunden und in die Klinik gebracht werden konnte. So war aus dieser vitalen, tüchtigen Frau eine Rollstuhlfahrerin geworden, die unter ihrem Schicksal schwer litt. Oft musste sie sich während unseres Gesprächs die Tränen aus den Augen wischen. Mir wurde klar: Ich werde sie öfter besuchen und mich bemühen, sie zu trösten; denn ich liebe das Wort aus Matthäus 25: „Wahrlich, ich sage euch: Was ihr getan habt einem dieser geringsten Schwestern, das habt ihr mir getan." Gerade die Kranken brauchen den Zuspruch von Gott und die stille Anteilnahme von Freunden in ihrem Leid.

So mache ich mich am Sonntagnachmittag auf den Weg zu ihr. Die ältere Dame freut sich über meinen Besuch. In ihrem gepflegten Wohnzimmer sitzen wir beisammen und genießen den herrlichen Ausblick auf den Wald. Sie erzählt mir aus ihrem frohen Erleben im Unterricht. Zwei unserer Söhne waren auch ihre Schüler gewesen, und besonders unser Jüngster hatte sie ins Herz geschlossen. Morgens sei er noch vor Schulbeginn zu ihr ans Küchenfenster gekommen, habe mit seinem Ärmel die Scheibe von den Regentropfen befreit und ihr zugewinkt. „Ja", so berichte ich ihr, „Daniel stand meist schon sehr früh auf. Immer wieder hat ihn die Angst überfallen, seine Lehrerin könnte verschlafen haben und der Unterricht ausfallen. Deshalb ist er bis zu ihrer Wohnung gelaufen und hat durchs Fenster geguckt, ob denn das Licht brannte. Er ging ja so gern zur Schule." Seine Lehrerin hat ihre I-Männchen geliebt und den Unterricht so spannend gestaltet, dass sogar die Ferien für die Kleinen zu einem Problem wurden. Für mehrere Wochen waren sie ihrer Klassenlehrerin beraubt, und oft hat Daniel mich gefragt: „Mama, wann sind die Ferien vorbei?"

Traurig wurde sie, als wir auf die heutigen Probleme in der Schule zu sprechen kamen. „Ich kann mir einfach nicht vorstellen, warum es heute so viele Schulschwänzer und Analphabeten in unserem Land gibt. Was ist nur in Deutschland schiefgelaufen?"

Ich antworte ihr: „Wir hätten mehr solcher Lehrer und Lehrerinnen wie Sie gebraucht. Sie haben es immer geschafft, auch die schwächsten Schüler zu fördern, und jedes Kind in Ihrer Klasse hat Lesen, Schreiben und Rechnen gelernt."

Sie winkte ab. „Das ist mir des Lobes zu viel. Sie heben mich ja in den Himmel."

„Nein, das ist die Wahrheit", entgegne ich. Dann lenken wir unsere Gedanken anderen Themen zu und sie erzählt mir, wie sehr sie sich freut, wenn ehemalige Schüler manchmal mit Ehegatten und Kindern zu Besuch kommen. „Als ich in der Klinik lag und oft verzweifelt war, hat mich sogar Ihr Daniel, liebe Frau Bormuth, besucht, mir eine CD mitgebracht und mit mir gebetet, bevor er wieder ging. Das war mir ein starker Trost."

„Dann will ich auch, bevor ich mich wieder auf den Heimweg begebe, meine Hände falten und ein Gebet sprechen, wenn Sie es wünschen." Die Lehrerin nickt, und ich bringe ihre große Not vor Gott und bitte meinen Herrn um Heilung und Genesung. Dann verabschiede ich mich von ihr. Viel zu schnell ist für die Kranke im Rollstuhl diese Stunde vergangen. Mich aber macht es froh, dass ich mich habe von Gott brauchen lassen. Ein Wort von Martin Luther ist mir immer wieder eindrücklich, der sagt: „Wer einen traurigen Menschen froh gemacht hat, der hat mehr als ein Königreich gewonnen."

Und während ich den Stift aus der Hand lege, klingelt das Telefon. „Spreche ich mit Frau Lotte Bormuth? Ich suche Sie wie eine Stecknadel im Heuhaufen. Können Sie zu uns nach Detmold kommen? Wir sind eine Gemeinde von Russlanddeutschen und möchten Sie gerne in der Adventszeit zum Frauenfrühstück einladen. Über Ihre Zusage würden wir uns sehr freuen." Wie gern fahre ich zu diesen Frauen, deren Leben in Kasachstan und Usbekistan von viel Leid und Entbehrung gezeichnet war. Ich sage zu und freue mich, dass ich noch das Evangelium verkündigen darf. Das ist die beste Botschaft, die unsere Welt braucht.

Autorenadresse:
Lotte Bormuth
Sperberweg 8 a
35043 Marburg
Telefon 06421/41347